RAPHAELA WINTERHALTER

Handletter your JOURNAL

20 Alphabete und Layouts Schritt für Schritt
mit Handlettering-Vorlagen

EIN BUCH DER
EDITION MICHAEL FISCHER

INHALT

VORWORT

Als ich mit dem Bullet Journaling begann, war ich zunächst sehr frustriert. Stundenlang beschäftigte ich mich damit, auf Instagram und YouTube nach Videos und Anleitungen zu suchen, wie ich mein Journal nicht nur praktisch nutzen, sondern auch schön gestalten kann. Mein erstes Journal war damals noch sehr simpel aufgebaut, und ich fand meine Gestaltung, gelinde gesagt, einfach schrecklich. Mit viel Bewunderung und einem kleinen bisschen Neid verfolgte ich in den sozialen Medien Beiträge von Bullet-Journal-Nutzern. Neben ihrer schönen Gestaltung faszinierten mich vor allem die verschiedenen Schriften, und ich wünschte mir, dass ich sie auch eines Tages so beherrschen würde. Mit viel Zeit und jeder Menge Übung habe ich es nun geschafft, meinen eigenen Stil zu entwickeln und meine Kreativität für die Gestaltung meines Journals zu nutzen.

Mit tollen Handletterings gestalte ich mittlerweile nicht nur meine Journals, sondern auch Einladungskarten, Geburtstagskarten und viele weitere Dinge. Schritt für Schritt zeige ich dir, wie du schöne Letterings in deinem Journal umsetzten kannst. Neben den Schriften möchte ich dir aber auch Layout- und verschiedene Designideen zur Hand geben. Gleichzeitig erhältst du einen Einblick in das Bullet-Journal-System und ich zeige dir, wie ich es geschafft habe, stilvoll produktiv zu werden, mit wenigen Materialien und verhältnismäßig wenig Zeitaufwand. Innerhalb weniger Minuten kannst du so dein Journal praktisch, übersichtlich und schön gestalten.

Die Entscheidung, mir Zeit für die Umstrukturierung und Gestaltung meines Journals zu nehmen, war genau richtig. Es macht mir viel mehr Freude, das Journal nun auch tatsächlich zu benutzen. Ich bin seither viel produktiver geworden und wurde von einer chaotischen „Planer-Besitzerin" zu einer produktiven „Planer-Nutzerin". Mittlerweile bin ich Bloggerin, Illustratorin und nun auch Autorin! Ohne den Spaß und die effektive Nutzung meines Bullet Journals wäre ich wohl nie so weit gekommen. Ich zeige dir in diesem Buch, wie du es schaffst, dich zu fokussieren, deine Kreativität zu entwickeln, diese in deinen Planer einzubringen und ihn so zum Hilfsmittel zu machen. So bekommst du deine Träume, Wünsche und Termine stilvoll unter einen Hut.

ÜBER BULLET JOURNALS

Sein Leben effektiver zu planen, die verfügbare Zeit produktiver zu gestalten und dabei mehr Freizeit für Dinge zu schaffen, die uns glücklich machen – dies ist der Anreiz der meisten Menschen, die mit dem Bullet-Journal-System beginnen.

WAS IST EIGENTLICH EIN BULLET JOURNAL?

Das Bullet-Journal-System, oder auch kurz BuJo genannt, wurde von Ryder Carroll entwickelt. Er ist Autor und Designer – und hatte aufgrund seiner Konzentrationsschwäche starke Probleme, sich zu konzentrieren und zu fokussieren. Mit den Jahren entwickelte er ein Planersystem, das ihm dabei half, produktiver und strukturierter zu werden. Seitdem beschäftigt er sich damit, diese Methode auch anderen näherzubringen und ihnen dabei zu helfen, sich besser zu organisieren.

Das Praktische dabei ist, dass das Bullet-Journal-System in wirklich jedem Notizbuch angewendet werden kann.

Durchsucht man das Internet nach Bullet Journal, wird man eine Fülle verschiedener Seiten, Beiträge und Gestaltungsideen finden. Gerade die Individualisierbarkeit bildet die Essenz eines jeden Bullet Journals.

IST EIN BULLET JOURNAL DAS RICHTIGE FÜR DICH?

Du kannst deinen Planer so gestalten, wie du möchtest, und bist nicht verpflichtet, alles blind zu übernehmen. Das, was du wirklich brauchst, kannst du in dein Journal integrieren, ganz persönlich, ganz individuell. Ein Bullet Journal ist für jeden das Richtige, der sich gerne neu organisieren und seine Produktivität steigern möchte.

Es gibt verschiedene Ansätze, die man verfolgen kann: von stark minimalistischen Planern, in denen man nur das Nötigste einträgt, bis hin zu skizzenbuchähnlich gestalteten Büchern, in denen die Termine nur nebensächlich erscheinen. Es ist alles möglich und alles erlaubt, solange es dir hilft, dich zu ordnen, und dir eine gute Übersicht bietet.

Dein Journal passt sich dir an, nicht du dich deinem Journal.

Das Wichtigste beim Führen eines Journals ist die Liebe zum Papier. Ein Buch in den Händen zu halten ist in unserer heutigen digitalen Gesellschaft schon selten geworden, jedoch steigt der Trend, wieder mehr analog zu arbeiten. Das wohl Schönste an einem gefüllten Bullet Journal ist, es nach einiger Zeit wieder in die Hand zu nehmen und zu sehen, was man alles erreicht und wie man sich gesteigert hat. Die vergangenen Momente können so im Bullet Journal für die Ewigkeit festgehalten werden.

Ich würde also behaupten: Ein Bullet Journal ist für jeden das Richtige!

UM WAS ES IN DIESEM BUCH GEHT

Als ich vor mehr als drei Jahren die ersten Seiten meines Bullet Journals füllte, hatte ich das Gefühl, dass sie noch nicht ganz fertig sind. Mir fehlte etwas. Aber was? So suchte ich auf Instagram, Pinterest und auf YouTube nach Inspiration und sah schnell, was es war: eine für mich ansprechende Gestaltung. Natürlich geht es auch ohne Illustrationen, spezielle Layouts oder besondere Schriftgestaltung. Ohne eine schöne Gestaltung jedoch verging mir sehr schnell die Lust am Führen eines Journals, und erst als ich anfing, meinen Planer zu individualisieren, fühlte ich mich wohl mit dieser Methode. Ich brauchte einige Zeit, um herauszufinden, dass die mich faszinierende Art der Schriftgestaltung Handlettering genannt wird.

Ich wäre damals sehr dankbar gewesen für ein Buch mit Anleitungen, Anreizen und Tipps, die mir den Einstieg in das Journaling erleichtert hätten. Deshalb freut es mich umso mehr, meine Erfahrungen in diesem Buch weitergeben zu können, dich an die Hand zu nehmen und dir zeigen zu können, wie du deinen Planer individuell nach deinen Wünschen und Bedürfnissen gestalten kannst. Es ist dabei völlig egal, ob du Handlettering-Anfänger bist, dich neu auf das Thema einlässt und die ersten Schritte erst lernen musst oder ob du schon fortgeschritten bist und ich dir neue Ideen und Eindrücke vermitteln kann. In diesem Buch findest du Inspiration und Anregung, die du in deinem Planer-Alltag nicht mehr missen möchtest.

 Ab S. 39 in diesem Buch findest du 20 Schriftarten vieler verschiedener Stile und Schwierigkeitsgrade, die du entweder abpausen oder nachzeichnen kannst, um dein Bullet Journal individuell zu gestalten!

MATERIALIEN

Für ein Bullet Journal braucht man eigentlich nur zwei Dinge: einen Stift und ein Notizbuch. Schaut man sich jedoch auf den verschiedenen Social-Media-Kanälen um, wird man von einer atemberaubenden Vielfalt an verschiedenen Stiften, Notizbüchern, Stickern, Stempeln und anderen Gimmicks aus der „Stationery-Szene" ziemlich überfordert. Ich möchte dir in diesem Kapitel eine kleine Übersicht bieten, was ich persönlich gerne nutze und auf welche Dinge man beim Kauf achten sollte.

JOURNAL

Notizbücher gibt es mittlerweile wie Sand am Meer in jeglichen Formen und Größen, mit verschiedenen Lineaturen, Papierstärken und Einbänden. Hier das eine Buch zu finden, mit dem man eine ganze Zeit lang arbeiten möchte und auch soll, ist oftmals schwer – aber definitiv kein Muss. Für den Anfang reicht natürlich auch ein normales Notizbuch oder ein Kalender. Vielleicht besitzt man schon angefangene Planer, die sich

hervorragend dafür eignen, um zu testen, welches System für einen das richtige ist, und um seinen persönlichen Stil zu finden.

Falls du jedoch sofort in ein neues Notizbuch umziehen möchtest, gibt es einige Dinge zu beachten:

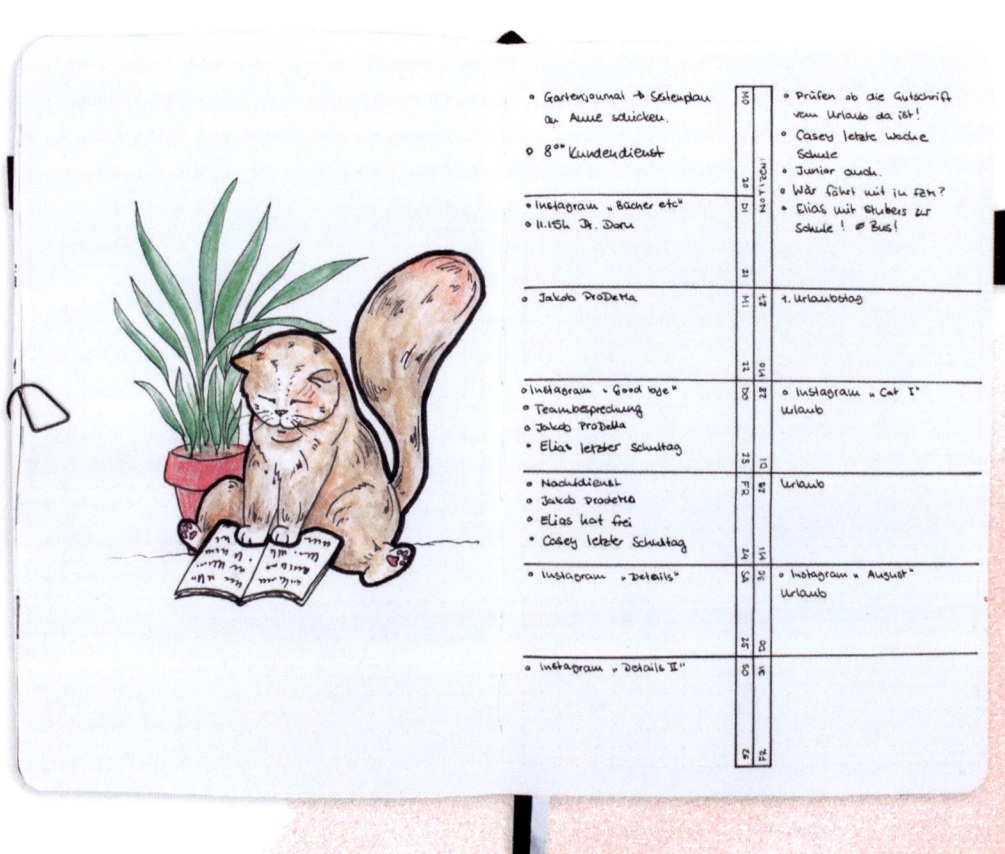

PAPIER

Papier ist nicht gleich Papier, vor allem nicht bei Notizbüchern. Schon die Entscheidung der bevorzugten Stifte beeinflusst die Wahl des Papiers maßgeblich.

Eine zu geringe Grammatur lässt deine Lieblingsstifte auf der nächsten Seite durchscheinen, auch Ghosting genannt. Manchmal sieht man das so stark, dass die Tinte bzw. Farbe auf die nächste Seite durchblutet (Bleeding). Auch das hat seinen Charme, ist jedoch nicht von jedem gewünscht. Ist die Grammatur zu hoch, wird das Buch dicker, schwerer oder hat dementsprechend weniger Seiten. Hier gilt es zu schauen, was deinem Stil eher entspricht. Auch die Papierfarbe variiert in den Notizbüchern von Reinweiß über Elfenbein und Braun (Kraftpapier) bis hin zu komplett Schwarz. Auch das ist eine Frage des persönlichen Geschmacks. Bedenke: Verwendest du schwarzes Papier, bist du bei der Stiftwahl etwas eingeschränkt.

Auch die verschiedenen Lineaturen sind zu beachten. Das geläufigste und beliebteste unter Notizbuchfreunden ist wohl das Punktraster, auch Dot

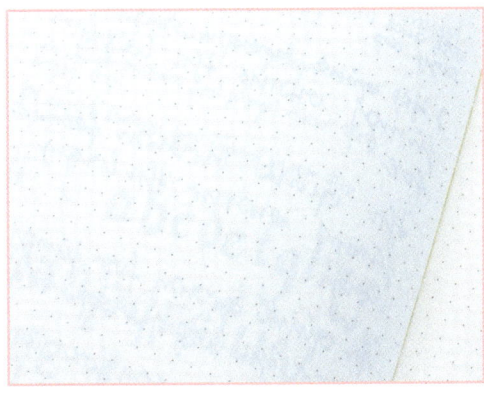

So sieht Ghosting aus.

Grid genannt. Hier hast du eine gute Orientierung, es ist jedoch viel dezenter als z. B. bei linierten oder karierten Seiten. Es gibt hier allerdings keine festen Vorgaben, und du kannst nutzen, womit du dich am wohlsten fühlst. Auch ein Blankobuch ohne Linien hat durchaus seinen Reiz und hilft oft, den Perfektionismus beiseitezuschieben und sich auf die Bullet-Journal-Methode zu konzentrieren.

 Ich bevorzuge eine Grammatur von mindestens 100g/m² und Dot Grid.

BUCHEINBAND

Wenn du das Buch immer dabeihaben möchtest, solltest du auf einen robusten Einband achten. So ein Notizbuch muss einiges aushalten, klemmt zwischen Laptop, Schlüssel, Schul- und Arbeitssachen, zwischendurch auf dem Boden stehend oder liegend in einer Handtasche, um am Ende einen Kaffeefleck auf dem Schreibtisch abzubekommen. Doch keine Panik, falls du dich in ein empfindliches Exemplar verlieben solltest: Es gibt wunderschöne Schutzhüllen, mit denen du dein Buch unterwegs bestens schützen kannst. Noch individueller wird es nur, wenn du es beispielsweise mit Acrylstiften selbst bemalst oder beschriftest.

GRÖSSE

Notizbücher gibt es in vielen verschiedenen Größen. Vom kleinen A6-Buch bis hin zu großen A4-Büchern. Mittlerweile bieten viele Notizbuchhersteller auch Zwischengrößen (B6, B5 etc.) an. Hier ist zu beachten, dass es nicht zu groß ist, damit du damit mobil bleibst, es soll dich schließlich in deinem Alltag begleiten. Zu klein ist jedoch auch nicht gut, da du hier vielleicht nicht alle deine wichtigen Notizen auf eine Seite bringst und es unübersichtlich werden kann. Für die Bullet-Journal-Methode hat sich ein A5-Buch bewährt. Es bietet genug Platz für deine Layouts und ist dabei handlich genug, es immer mitzunehmen.

Hier siehst du den Größenunterschied von B5 (hinten) zu A5 (vorne).

EXTRAS

Gummiband und Lesezeichen
Viele Notizbücher haben mittlerweile ein Gummiband, das die Seiten zusammenhält, damit das Buch nicht einfach aufklappen kann. Mit Lesezeichen bzw. Lesebändern kann man leicht den aktuellen Tag, Woche, Monat oder andere wichtige Seiten auffinden.

Stifthalter
Dieser besteht meist aus einem Gummi am Rand des Buches. Er ist sehr praktisch, da man seinen Lieblingsstift nicht erst in der Tasche oder im Mäppchen suchen muss. Wenn kein Stifthalter vorhanden ist, kann man diesen in vielen Läden und Onlineshops nachkaufen und an den hinteren Buchdeckel kleben.

Papiertasche
Meistens befindet sich hinten im Buch eine kleine Tasche zur Aufbewahrung von ein paar Stickern, Notizzetteln oder sonstigen Erinnerungen. Auch kleinere Schablonen, ein Geodreieck oder Lineal finden hier Platz.

Mit einem Stifthalter hast du deinen Standardstift immer dabei.

Diese kleinen Extras sind alle durchaus praktisch, jedoch kein Muss. Finde für dich heraus, was du nutzt und auf was du zukünftig nicht mehr verzichten möchtest.

SCHREIBMATERIAL

Die Auswahl und die Unterschiede der verschiedenen Schreibutensilien sind riesig. Dazu kommt, dass jeder von uns verschiedene Ansprüche an einen Stift stellt und dass auch das Papier, auf dem man schreibt, ein wichtiger Faktor ist, der unsere Stiftwahl stark beeinflusst. Damit du in diesem Chaos den Überblick nicht verlierst, möchte ich dir die wichtigsten Utensilien und ihre Anwendungsgebiete vorstellen.

STIFTE-TEST

Teste vorab die Stifte in deinem Notizbuch. Dafür eignet sich die letzte Seite deines Planers. Schreibe hier ein paar Wörter mit einem Stift deiner Wahl, male Kästchen aus oder zeichne eine kleine Kritzelei. Vergiss nicht, auch den Namen des Stiftes und gegebenenfalls auch die Stiftstärke zu notieren. So bekommst du schnell ein Gefühl dafür, wie sich der Stift in deinem Notizbuch verhält, bzw. siehst du gleich, ob sich das Geschriebene bzw. Gezeichnete auf den nächsten Seiten abdrückt oder durchscheint. Es empfiehlt sich, dies mit jedem neuen Stift zu tun, den du in deinem Buch verwenden möchtest. So beugst du bösen Überraschungen vor. Stifte auf Wasserbasis sind eher zu empfehlen als Stifte auf Alkoholbasis (Marker, z.B. von Copic, Ohuhu, Spectrum Noir etc.), da diese meist durch gleich mehrere Seiten bluten.

STANDARDSTIFT

Wenn du neu in der Materie bist, solltest du dir einen alltagstauglichen, einfachen Stift zulegen, mit dem du dich wohlfühlst. Hierbei ist es egal, ob du einen Gelstift, einen Kugelschreiber, einen Füller, einen Bleistift oder einen anderen Stift auswählst. Glaube mir: Deine Sammlung wird automatisch irgendwann immer größer. Diesen Stift solltest du immer dabeihaben, um dir jederzeit Notizen und Termine in dein Bullet Journal schreiben zu können. Auch das sofortige Eintragen und Abhaken der To-dos und Termine wird immer gleich erledigt, damit dein Notizbuch aktuell bleibt und die Effektivität gewährleistet ist.

 Es gibt radierbare Gelstifte, z.B. von Frixion. So kannst du kleinere Fehler wieder verschwinden lassen.

my fave pens:
Faber-Castell PITT ARTIST PENS
XS · F · M · 1.5 · B
Ohuhu COLOR MARKER
uni·ball Signo
MUJI 0.38 + 0.5

BLEISTIFT UND RADIERGUMMI

Bleistifte sind absolute Allrounder und überaus praktisch. Mit ihnen ist schnell etwas notiert, etwas gekritzelt, abgehakt oder verschoben. Man kann alles wieder wegradieren oder mit einem anderen Stift nachfahren und so für die Ewigkeit festhalten. Auch das Vorzeichnen und Vorschreiben beim Handlettering, den Layouts oder kleinen und großen Zeichnungen kann für Anfänger durchaus praktikabel sein. Es kommt hier wieder auf dein Schriftbild und deinen Wohlfühlfaktor an, mit welchem Bleistift du zurechtkommst. Ich

persönlich nutze gerne weiche Bleistifte oder die Stenostifte von Faber-Castell, da man hier je nach Druck, mit dem man den Bleistift führt, schon ein dünnes oder dickeres Schriftbild erreichen kann, was ja vor allem im Handlettering durchaus gewünscht ist. Für Korrekturen ist ein präziser Radiergummi von Vorteil. Ich persönlich nutze auch gerne Knetradiergummi (z. B. von Faber-Castell), da ich diesen in die Form kneten kann, in der ich ihn brauche, beispielsweise indem ich eine dünne Spitze forme.

FINELINER

Fineliner sind nach dem Bleistift mein persönliches Must-have. Es gibt sie in vielen verschiedenen Farben und Strichstärken. Sie eignen sich hervorragend für allerlei Zeichnungen, Schriftarten, Linien, Skizzen und Illustrationen. Auch für das Zeichnen mit Schablonen und Lineal eignen sich Fineliner sehr gut.

 Meine Fineliner-Empfehlungen: Micron, Faber-Castell Pitt Artist Pens, Stabilo 68 oder Staedtler Triplus Color

BRUSH PEN

Hier kommen sie, die absoluten Champions des Handletterings. Mit einer Pinselspitze, dessen Strichstärke je nach Druck variiert, ist der Brush Pen perfekt geeignet für Schriften, die sich aus dicken und dünnen Linien zusammensetzen. Mit ein bisschen Übung kannst du damit großartige Effekte erzielen. Nutze möglichst glattes Papier, damit deine Brush Pens nicht ausfransen oder die Farbe verläuft. Viele der Brush Pens basieren außerdem auf Wasser, sodass man ihre Farbe, z.B. auf einem Teller, leicht mit etwas Wasser vermischen und mit dem Pinsel zum Malen benutzen kann.

 Meine Brush-Pen-Empfehlung: Faber-Castell Pitt Artist Pens mit Brush-Spitze, Tombow ABT, Karin Markers, Ecoline Brush Pens, Fudenosuke

FÜLLER

Viele kennen ihn noch aus der Schulzeit, den Füller. In einer Zeit, in der das analoge Arbeiten in einem Notizbuch wieder an Modernität gewinnt, findet auch der Füller wieder zurück zu seinem Platz in unseren Federmäppchen. Ein hochwertiger Füller verändert das Schriftbild sichtlich, und die Tinte wirkt sehr edel. Durch Farbtinte und breite Federspitzen lassen sich in einem Bullet Journal außergewöhnliche Effekte erzielen.

Meine Füller-Empfehlung:
Lamy, Kaweco, Rotring

TEXTMARKER

Durch ihre Transparenz sind Textmarker ein wichtiger Bestandteil vieler Bullet Journals. Mit ihnen hebt man Termine, To-dos oder wichtige Ereignisse im Kalender hervor. Früher nur in wenigen Neonfarben erhältlich, gibt es sie jetzt auch in vielen weiteren Farben und sogar in Pastelltönen. Diese fügen sich durch die ruhigere Farbgebung passend in unaufdringliche Layouts ein und heben dennoch alles Wichtige hervor. Mit etwas Übung kann man die breite und schmale Seite der Stifte ebenfalls für Handletterings benutzen.

Meine Textmarker-Empfehlung:
Stabilo Boss, Edding 345 und Mildliners

BUNTSTIFT

Buntstifte sind meiner Meinung nach ein durchaus unterschätztes Medium. Mit ihnen lassen sich wunderbar Schattierungen schraffieren oder Farbverläufe kreieren. Auch einen bunten, aber beschreibbaren Hintergrund kann man mit Buntstiften ganz einfach erzeugen. Sie haben außerdem den Vorteil, dass sie bis zu einem gewissen Grad sogar radierbar sind, sollte es nötig sein.

Meine Buntstift-Empfehlung:
Arteza, Prismacolor

FILZSTIFT

Filzstifte sind für Schattierungen und Farbverläufe geeignet, bedürfen jedoch mehr Übung. Die Farbintensität ist um einiges intensiver als bei den Buntstiften. Für das Schreiben von Überschriften oder zum Ausmalen von größeren Flächen eignen sie sich sehr gut. Ein weiterer Pluspunkt für die Filzstifte: Es gibt sie in nahezu jeder vorstellbaren Farbe, sodass man garantiert eine große Auswahl hat und immer den passenden Farbton findet.

ALKOHOLMARKER

Marker auf Alkoholbasis erkennt man schnell am intensiven Geruch. Diese Marker eignen sich hervorragend für fließende Übergänge und wundervolle Kolorationen, sind allerdings nur bedingt für die Verwendung in Notizbüchern geeignet. Die Stifte bluten meist durch mehrere Seiten. Hier empfehle ich dir, sie auf separatem Markerpapier wie das Canson XL Markerpapier zu verwenden und dieses dann in dein Notizbuch einzukleben. Markerpapier ist meist relativ dünn, jedoch speziell beschichtet und extra für Marker hergestellt, sodass die Farbe nicht durch das Papier schlägt.

Jeder macht Fehler, und das soll und darf auch so sein. Korrekturstifte und -flüssigkeiten sind gute Mittel solche zu überdecken. Es besteht jedoch auch die Möglichkeit, einen Fauxpas mit einem Stück Papier einer anderen Notizbuchseite zu überkleben – oder man arbeitet einfach mit Stickern, Stempeln oder Washi Tape. So wird auch aus dem größten Fehler noch ein kleines Kunstwerk.

FARBEN

Die wohl beliebtesten Farben zum Kolorieren von Bullet Journals sind Aquarell-, Gouache- und Acrylfarben. Jede von ihnen hat unterschiedliche Deckkraft und kann mit Wasser verdünnt werden. Je nach Papierdicke eignet sich jedoch nicht jede Farbe für ein Notizbuch. Auf was es bei der Auswahl des Mediums ankommt, möchte ich dir in den nächsten Absätzen näherbringen.

AQUARELLFARBE

Aquarellfarben sind hochpigmentiert und werden anschließend mit Wasser verdünnt, wodurch die Farben meist eine gewisse Transparenz aufweisen. Mit Aquarellfarbe kann man deshalb sehr gut in Schichten arbeiten, angefangen von der hellsten Schicht bis zur dunkelsten, was dem Bild Leuchtkraft und Tiefe verleiht. Die Farbe ist außerdem immer wieder mit Wasser aktivierbar. Ein Buch mit mindestens $100\,g/m^2$ dickem Papier und/oder beschichteten Seiten ist empfehlenswert, da dieses größere Wassermengen verträgt, ohne durchzubluten oder ohne dass sich die Seiten wellen. Ich persönlich nutze die Aquarellfarben von van Gogh und Schmincke.

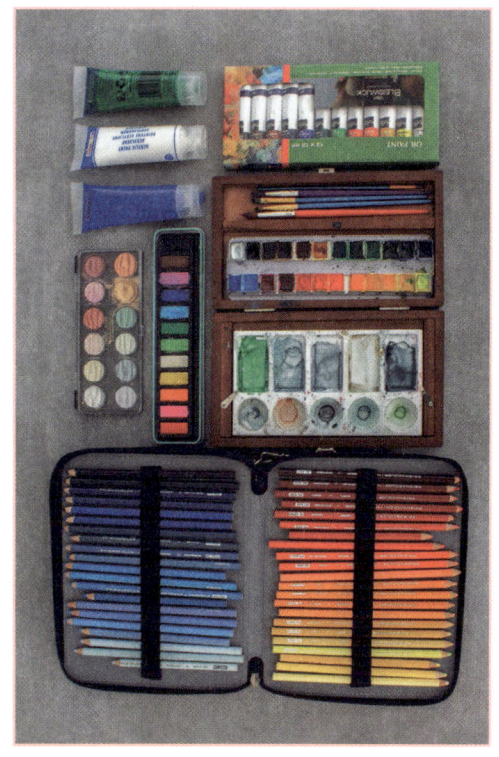

 Wenn du dir unsicher bist, kannst du auch auf speziellem Aquarellpapier oder anderem Papier mit hoher Grammatur malen oder schreiben und dieses dann in dein Bullet Journal einkleben. So vermeidest du Ghosting und Bleeding oder ein Verwischen und Wellen der folgenden Seiten.

GOUACHE

Gouache ist wie auch die Aquarellfarbe eine wasserbasierte Farbe mit gröberen Pigmenten, gemischt mit Kreide und Bindemittel. Dadurch ist die Deckkraft höher als bei der Aquarellfarbe. In Verbindung mit Wasser kann sie wieder angelöst werden. Durch das Trocknen entsteht bei den Gouachefarben eine der Pastellkreide ähnliche Wirkung, die Farbe wirkt anschließend matt. Verwendet man wenig Wasser, kann man mit Gouache sehr gut in Notizbüchern arbeiten, ohne dass sich die Seiten stark wellen oder die Farbe auf die nächste Seite durchblutet. Sowohl Arteza als auch Schmincke haben sehr hochwertige Gouache, mit der man als Anfänger, aber auch als Fortgeschrittener seine Freude haben wird.

ACRYLFARBE

Acrylfarben sind hochpigmentierte Farbmittel, die mit Wasser verdünnbar sind. Mit der Zeit härten sie jedoch aus und können nicht mehr angelöst werden. Wenn man mit diesem Medium Notizbuchseiten gestaltet, dann werden die Seiten anschließend meist sehr starr, was bei der täglichen Handhabung aber nicht weiter stört. Mischt man Acrylfarben mit wenig Wasser, kann auch in Bullet Journals mit dünnerem Papier gemalt werden. Auch hier gibt es z.B. von Arteza und auch Staedtler ein breites Farbangebot.

ÖLFARBE

Ölfarbe basiert auf Öl und trocknet nur sehr, sehr langsam. Der Clou dabei ist, dass man das Bild somit über eine lange Zeit, teilweise über mehrere Tage oder gar Wochen, bearbeiten kann. Diese Technik eignet sich daher nicht für die Verwendung in einem Bullet Journal.

PINSEL

Ich nutze gerne die Pinsel von Faber-Castell in verschiedenen Größen. Lege dir am besten mehrere Pinselgrößen zu, damit du in deiner Gestaltung nicht eingeschränkt bist. Die Pinsel von da Vinci sind von hoher Qualität und dennoch für den Anfang preislich interessant. Eine weitere Möglichkeit ist es, mit sogenannten Wassertankpinseln zu arbeiten. Diese Pinsel besitzen einen hohlen Schaft, in den man Wasser füllt. So spart man sich zu einem Großteil das Wasserglas und kann die Farbtiefe mit ein bisschen Übung sehr gut regulieren. Hier empfehle ich ein Pinselset in verschiedenen Stärken, z.B. von Arteza.

ZUSÄTZLICHE MATERIALIEN

Es gibt noch viele weitere Materialien, die du in deinem Journal anwenden kannst. Deiner Kreativität sind keine Grenzen gesetzt. Probiere also viel aus und entdecke deinen eigenen Stil dabei!

WASHI TAPE

Ursprünglich stammt dieses vor allem in der Bullet-Journal- und Scrapbooking-Szene beliebte Tape aus Japan. Es wird aus Reispapier hergestellt und ist deshalb trotz seiner leichten Transparenz und Zartheit überaus robust. Ein weiterer Vorteil der Papierstruktur besteht darin, dass man es sehr gut beschreiben kann. Washi Tape erhält man außerdem in einer unvorstellbar großen Vielfalt an verschiedenen Designs und Mustern in jedem Stil. Man kann es als Abtrennung in Layouts, zum Einkleben von Fotos, Kassenbons und Erinnerungen oder einfach als Designelement nutzen.

STEMPEL, STICKER, HAFTNOTIZEN

Haftnotizen eignen sich für die Hervorhebung von wichtigen Terminen, Erinnerungen und anderem. Sie können auch leicht entfernt oder neu positioniert werden, was von großem Vorteil ist, z.B. bei Terminen, die sich wiederholen, verschoben haben oder noch nicht feststehen. Auch Stempel und Sticker, die zusammen mit einem sogenannten Key verwendet werden, dienen der Übersichtlichkeit und Organisation. Ein kleines Mülltonnensymbol am Donnerstag? Tonne rausstellen! Eine kleine Blume am Freitag? Es wird Zeit, die Blumen zu gießen! Doch auch rein zur Zierde können Stempel und Sticker verwendet werden.

LINEAL UND SCHABLONEN

Bei diesen Hilfsmitteln scheiden sich die Geister. Braucht man gerade Linien wirklich? Ist das nicht Zeitverschwendung und schränkt die Produktivität ein? Das muss jeder für sich selbst beantworten. Jedes Bullet Journal ist individuell und spiegelt seinen Besitzer wider. Schablonen sind ideal, wenn es schnell gehen muss. Es gibt sie in vielen Ausführungen, von geometrischen Formen, Tieren, Figuren bis hin zu ganzen Buchstaben- und Zahlensätzen. Arbeitest du mit einem Lineal, empfehle ich dir, ein durchsichtiges, nicht zu großes zu benutzen.

MO 11

- Fallarbeit überarbeiten.
- Wäsche fertig
- Hauswirtschaft lernen

♥Casey♥ WÄSCHE sortieren.

THERESA HAT WÄSCHE GEBRACHT

DI 12

- Hauswirtschaft - SA 13.00h
- 8.45h Treffpunkt Forensik BKH Lerchenhaid
  - ▶ Personalausweis nicht vergessen!

in Forensik bewerben...?

MI 13

- Kostenz anrufen.
- Kolloquium lernen.
- 12°°h Fallarbeit Kolloquium vorbereiten. + Fratelli Günther
- Wäsche machen.
- Kein Praxisunterricht

...When I met you

- Ruffy „neu" fotografieren

- verschobenes aufhol

Valentinstag

- FREI
- Plakat f. Fallarbeit machen.
- Fallarbeit lernen
- Haare färben
- Brot backen

um 18.00 reser

Essen bei

16 / 1

So: S1 ◼

- Lernkarten Fallarbeit
- Brot backen
- Wäsche
- Schlafzimmer + Bad. ♥ Bett neu
- JYW Entry vorbereiten.

- Wieviel Leute passen in den Saal 210 oder 340, je nach Tische.

Supervision 9.00 - 10.30

the sky burned, and so did I.

44   45

HANDLETTERING GRUNDLAGEN

Die ersten Striche sind immer das Schwierigste.
Doch ich verspreche dir, wenn du erst den Dreh raushast,
macht es umso mehr Spaß und geht ganz leicht von der
Hand. Am besten fängst du damit an, dir ein paar Regeln
der Typografie anzuschauen, vor allem die Linien und ihre
Bedeutung im Handlettering.

GRUNDBEGRIFFE

GRUNDLINIE

Die Grundlinie ist sozusagen der Boden eines jeden Buchstabens. Hier befindet sich das Fundament jeder Schrift.

Grundlinie

K-LINIE

Als Nächstes kommen wir zur k-Linie oder auch h-Linie genannt. Diese Linie ist die höchste von allen, und jeder Buchstabe endet mit seiner Oberlänge spätestens hier wie bei h, k, l, t oder f.

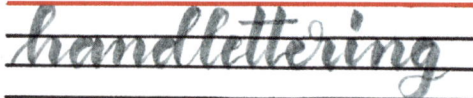

k-Linie

X-LINIE

Die Mittel- oder auch x-Linie ist die über der Grundlinie liegende Linie. Hier endet die Höhe der Buchstaben, die keine Oberlänge besitzen wie a, e, i, o, u, n, m, u, v, w etc.

x-Linie

P-LINIE

Die letzte Linie, die ich dir hier zeige, ist die sogenannte p-Linie. Sie ist der Keller der Schrift. Auf ihr enden die Buchstaben mit Unterlänge wie g, j, q, und p.

p-Linie

Zwei weitere Begriffe, die große Bedeutung im Handlettering haben, sind der sogenannte Aufstrich und der Abstrich.

AUFSTRICH

Der Aufstrich oder im Englischen auch Upstroke ist keine Marmelade für dein Frühstücksbrötchen, sondern bezeichnet die Linie, die du beim Schreiben nach oben durchführst, die Aufwärtslinie. Bei vielen Handlettering-Alphabeten wird diese Linie mit geringem Druck des Brush Pens geschrieben, sodass die Linie dünn bzw. zart auf dem Blatt erscheint.

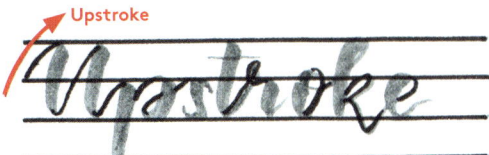

ABSTRICH

Der Abstrich oder auch Downstroke ist dementsprechend das genaue Gegenteil. Hier wird die Abwärtsbewegung mit dem Brush Pen mit mehr Druck geschrieben, wodurch die Linie intensiv und breit wird.

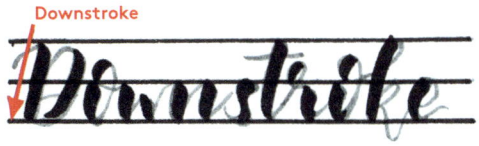

In Kombination ergibt das ein großartiges, interessantes Schriftbild bei vielen Schriftarten und Alphabeten. Um dies zu üben, gibt es ab S. 32 ein paar Schriftübungen. Du kannst sie direkt im Buch ausfüllen oder dir für mehr Übungsmöglichkeiten einfach kopieren. Versuche dich doch auch an den restlichen Alphabeten!

**Denk daran:
Regeln sind dazu da, gebrochen zu werden! Einige Schriftarten verlangen regelrecht danach, die Zeilen zu durchbrechen, doch für den Anfang ist es sehr hilfreich, sich an den Linien zu orientieren.**

SERIFEN

Bei Serifen handelt es sich um kleine Ab- und Anstriche an Buchstabenanfängen und -enden. Die wohl bekanntesten Vertreter der Serifen- bzw. serifenlosen Schrift sind **ARIAL** und **TIMES NEW ROMAN**. Hier erkennt man bereits deutlich den Unterschied.

Es gibt viele verschiedene Serifenarten, wir beschäftigen uns hier jedoch nur mit den fünf Standardformen: Kopf-, Dach-, Quer-, Stand- und Abschlussserifen. Wo diese zu finden sind, siehst du im Beispielbild.

ohne Serifen
z.B. Arial

mit Serifen
z.B. Times New Roman

Kopfserife (einseitig oder doppelseitig)

Dachserife

Querserife (einseitig oder doppelseitig)

Standserife (einseitig oder doppelseitig)

Abschlussserife (sowohl oben als auch unten)

WANN SERIFEN UND WANN NICHT?

Serifenschriften wirken meist eleganter und lebendiger oder erinnern uns an Zeitungsartikel. Serifenlose Schriftarten sind meist neutraler, moderner und wirken nicht so emotional – eher rati-

onal. Das heißt also, je nachdem was wir mit unserer Schrift ausdrücken möchten, verwenden wir entweder Serifen oder nicht.

SCHATTENEFFEKT

Um deinen Schriften noch einen kleinen Kniff zu verpassen, kannst du Schatten hinzufügen. Das sieht anfangs eventuell kompliziert aus, ist es jedoch nicht. Ich mache das immer so:

Ich überlege mir, auf welcher Seite ich den Schatten haben möchte bzw. von welcher Seite das Licht kommt. In der Beispielillustration habe ich die Lichtquelle als kleine Sonne dargestellt. Wenn also nun das Licht wie in der Zeichnung von links seitlich und oben kommt, dann wird der Schatten logischerweise nach rechts unten geworfen. So kannst du ganz einfach schnell und an jede Schrift einen Schatten zaubern. Als Schattenfarbe kannst du ein helles Grau verwenden, probiere aber auch mal andere Farben aus!

HANDLETTERING IM BULLET-JOURNAL-ALLTAG

Runtergebrochen auf das Wesentliche, ist ein Bullet Journal ein Buch mit unseren Terminen und Notizen. Dass wir hier nicht ausschließlich auf Handlettering und Gestaltung setzen können, ohne dass an Funktionalität verloren geht, ist uns allen klar. Doch genau diese individuelle Gestaltung ist doch das, was das EIGENE Journal ausmacht, oder nicht? Natürlich! Genau deshalb ist es wichtig, das Lettering richtig in Szene zu setzen und ihm dabei noch einen Nutzen zuzusprechen. Anstatt Wörter zu unterstreichen oder zu markieren, kannst du gerne einmal versuchen, Wichtiges auch im Text mit Handlettering hervorzuheben.

Das sieht nicht nur cool aus, sondern macht auch Spaß und fokussiert das Auge auf die wesentliche Information. Auch bei Tagebuchseiten sieht das richtig gut aus, und mit etwas Übung wird aus einem normalen Fließtext plötzlich ein kleines Kunstwerk in deinem Buch. Damit du eine Vorstellung dazu hast, zeige ich dir hier ein paar Beispiele:

Meine Handschrift!

Wenn ich mir ganz normal etwas in meinem Bullet Journal notiere, schreibe ich so. Das geht schnell und ich kann es gut lesen.

Manchmal nutze ich auch diese Schrift, meist dann, wenn ich etwas Abwechslung möchte. Geht auch schnell. Sieht allerdings nicht mehr so sauber aus.

Und wenn ich ein highlight in meinen Texten möchte, dann nutze ich zwischendurch gerne ein bisschen handlettering. Hat auch was, findest du nicht? ☺

TESTE GERNE VERSCHIEDENE SCHRIFTEN UND ÜBE DIESE, DAMIT DU SCHNELL UND GLEICH-MÄßIG DEINE NOTIZEN UND TERMINE NOTIEREN KANNST. EGAL FÜR WELCHE SCHRIFT DU DICH ENTSCHEIDEST, WICHTIG IST, DASS DU DICH DAMIT WOHL FÜHLST.

ÜBUNGEN

Für Handlettering-Übungen eignen sich die Wörter und Sätze am besten, die man auch häufig benutzt. Erstens schreibt man sie automatisch öfter, und mit jedem Mal wird es einfacher, und zweitens freut man sich immer ein bisschen, wenn man diese Wörter benutzen kann und es toll aussieht. Das wirkt zumindest bei mir äußerst motivierend. Ich übe oftmals nicht einzelne Buchstaben, sondern ganze Wörter. So fällt es mir leichter, die Buchstaben zusammenhängend zu schreiben, und mit der Zeit kann ich meinen Stil einbringen.

hello

hygge

happy birthday

Adieu

uuuu

l l l

∿∿∿

ʃʃʃʃ

WWW

nn

Uluhulu

Minimum

Aloha

Übungen

highlight

index

future log

tracker

hallo

happy birthday

welcome

willkommen

auf wiedersehen

PANGRAMME

Sätze, die alle Buchstaben des Alphabets beinhalten, auch Pangramme genannt, sind tolle Übungen! Kommt in diesen Sätzen jeder Buchstabe wirklich nur einmal vor, spricht man auch von einem echten Pangramm. Zwei der bekanntesten Pangramme sind einmal im Deutschen „Franz jagt im komplett verwahrlosten Taxi quer durch Bayern" und im Englischen „The quick brown fox jumps over the lazy dog". Probiere es gern in verschiedenen Handlettering-Arten aus! Zwei davon zeige ich dir hier:

FRANZ JAGT IM KOMPLETT VERWAHRLOSTEN TAXI QUER DURCH BAYERN.

The quick brown fox jumps over the lazy dog.

SPRUCHENTWURF

Wie verfährt man, wenn man eine komplette Seite mit einem Spruch gestalten möchte? Im Folgendem zeige ich dir Schritt für Schritt, wie ich bei solchen Seiten vorgehe.

1.

Überlege dir, welchen Spruch du lettern möchtest. Ich habe mich für „Nur Übung macht den Meister" entschieden.

2.

Wie groß soll das Lettering werden? In meinem Fall eine Seite in meinem A5-Journal.

3.

Nun beginnt das Lettering! Verwende einen Bleistift, um bösen Überraschungen vorzubeugen wie z.B. plötzlichem Platzmangel oder Rechtschreibfehlern. Welche Wörter sollen besonders hervorgehoben werden? Meine Eyecatcher werden „Übung" und „Meister".

4.

Als Nächstes fülle ich die Zwischenräume mit den übrigen Wörtern in verschiedenen Schriftarten. Hier bleibt es dir überlassen, wie viel Abwechslung du in deine Seite bringen möchtest.

💡 **Mit einem Doodle oder einer kleinen Illustration machst du dein Handlettering noch aufregender!**

5.

Jetzt fehlt eigentlich nur noch die Reinschrift. Ich nutze hier am liebsten Fineliner und Brush Pens in verschiedenen Stärken. Je nach Belieben kannst du jedoch auch gerne verschiedene Farben, Glitzerelemente, Aquarellfarben etc. benutzen. Probiere gerne Neues aus und lass deiner Kreativität freien Lauf!

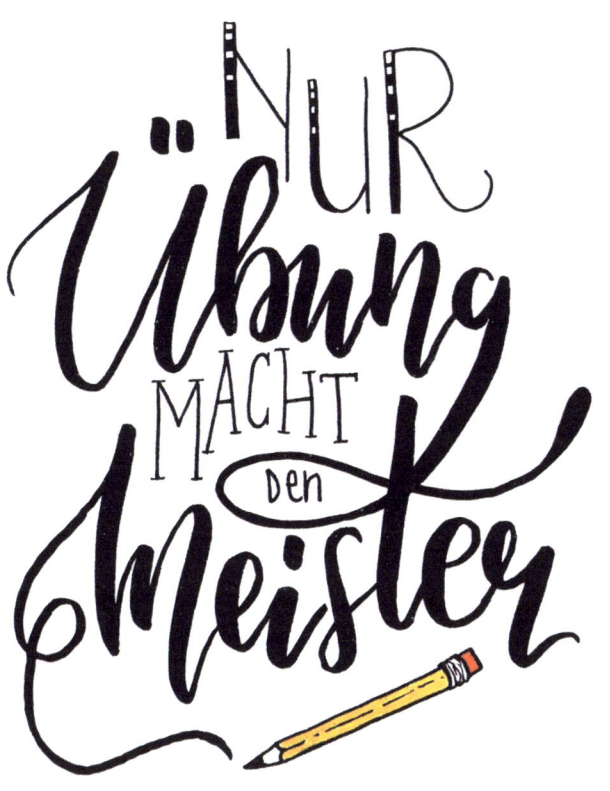

ALPHABETE

Auf den folgenden Seiten zeige ich dir, wie du verschiedene Schriftarten schnell und einfach integrieren kannst und somit Abwechslung und tolle Designelemente in dein Bullet Journal bringst. Diese Handlettering-Alphabete kann man überall anwenden, egal ob in deinen Trackern, den verschiedenen Übersichten oder für besondere Notizen. Lass deiner Fantasie freien Lauf! Es steht dir natürlich frei, die Alphabete nach deinen Vorstellungen zu kombinieren und zu verändern, sodass sie sich deinen Ideen anpassen. Viel Spaß dabei!

BRUSH LETTERING (KLASSISCHES HANDLETTERING)

Dieser Handlettering-Stil ist der wohl bekannteste. Er ist schwungvoll, modern und zeichnet sich durch den Kontrast von breiten und schmalen Linien aus. Mittlerweile gibt es viele verschiedene Variationen des Brush Letterings. Bei diesem Stil kommen die Up- und Downstrokes zum Einsatz. Beherrschst du diese, ist der Rest ein Kinderspiel.

MATERIAL

Für dieses Alphabet benutze ich verschiedene Brush Pens. Der Fudenosuke eignet sich besonders bei einer kleineren Schrift, da seine Brush-Spitze relativ klein ist. Auch die Tombow ABT Brush Pens sind sehr gut geeignet, wenn man etwas mehr Platz hat oder die Schrift größer schreiben möchte.

Mach es dir einfacher: Bei dieser Schrift kann man etwas schummeln. Verwende einen Stift mit einer festen Spitze, z.B. Fineliner. Damit werden die Downstrokes mit einer zweiten Linie gedoppelt. Anschließend kannst du sie mit Farbe oder einem Muster füllen. Man nennt das Faux Calligraphy (falsche Kalligrafie). Der Unterschied zum „echten" Handlettering ist kaum auszumachen.

faux
Calligraphy

Calligraphy

klassisches handlettering

a b c d e f g h
i j k l m n o p
q r s t u v w x
y z

1 2 3 4 5 6 7 8 9 0

LANGE BUCHSTABEN

Diese Schriftart ist sehr leicht zu kopieren. Im Grunde ist sie eine normale Schreibschrift, nur werden die Buchstaben weit auseinandergezogen. Das gibt diesem Handlettering-Stil das gewisse Etwas. Du kannst diesen Stil mit dem Brush Lettering verbinden und die Auf- und Abwärtsbewegungen in verschiedenen Strichstärken schreiben. So bleibst du auch hier variabel und individuell.

MATERIAL

Bei diesem Alphabet verwende ich gerne meine Fineliner von Staedtler, Micron oder Faber-Castell in verschiedenen Stärken. Die gängigste Stärke ist 0,3 mm. Für Überschriften eignet sich ein dickerer Stift in der Stärke 0,5 – 0,8 mm. Möchtest du diese langen Buchstaben mit dem Brush Lettering verbinden, greifst du zu einem Brush Pen.

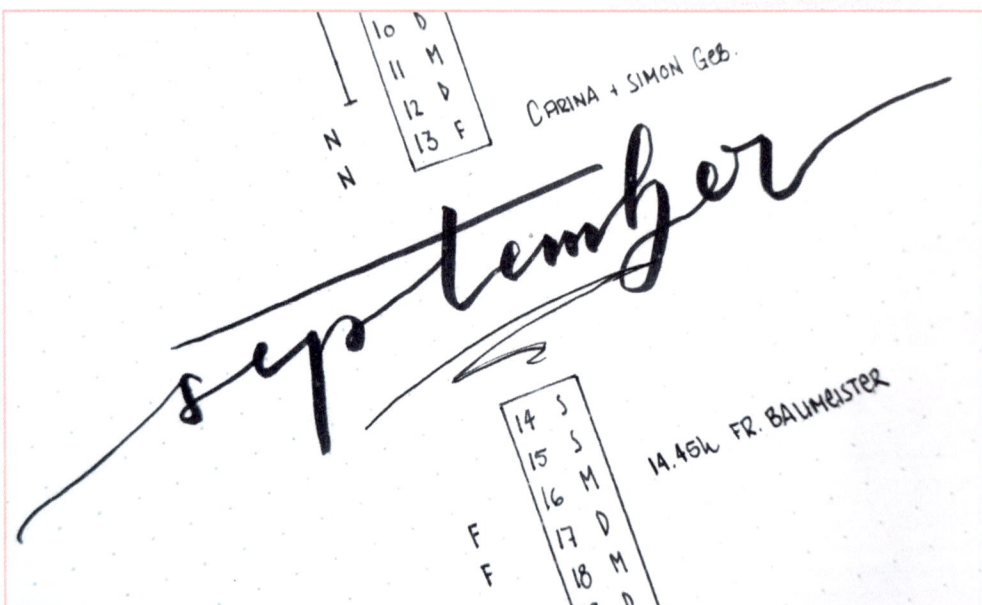

lange buchstaben

a b c d
e f g h
i j k l
m n o p
q r s t
u v w x
y z

FLORAL

Die florale Schrift ist sehr verspielt und passt in jede Jahreszeit. Du kannst die Blätter zusätzlich noch in einer oder mehreren Farben deiner Wahl kolorieren. So erhält diese Schrift deinen persönlichen Touch. Für Überschriften eignet sich diese Schriftart sehr gut. Schreibst du längere Texte mit ihr, wird es sehr anstrengend werden, sie zu lesen.

MATERIAL

Für diese Schriftart benutze ich Fineliner in verschiedenen Stärken von Staedtler, Micron oder Faber-Castell in 0,3 – 0,8 mm, je nach Platzbedarf und Wirkung, die die Schrift erzielen soll.

FLORAL

A B C D E F G
H I J K L M N
O P Q R S T U
V W X Y Z

1 2 3 4 5 6 7 8 9 0

COMIC

Bei der Comic-Schriftart werden die Buchstaben erst in großer Block-schrift geschrieben und anschließend die Enden etwas verbreitert, um den gewünschten Effekt zu erzielen. Einfach, aber wirkungsvoll. Wie stark du die Enden betonen möchtest, bleibt dir überlassen.

MATERIAL

Beim Comic-Alphabet verwende ich Fineliner am liebsten. So hast du die Kontrolle über die dickeren Buchstabenenden und kannst sie präzise einzeich-nen. Für sehr geübte Handlettering-Begeisterte gibt es sicherlich auch Möglichkeiten, mit Brush Pens zu arbeiten. Probiere dich hier gerne aus und lass dich überraschen, was dabei herauskommt!

JANUAR MAI
FEBRUAR JUNI
MÄRZ JULI
APRIL AUGUST

COMIC

A B C D E F G

H I J K L M N

O P Q R S T U

V W X Y Z

BLOCKSCHRIFT

Bei dieser Blockschrift schreibst du zuerst einen Buchstaben und fügst den Downstrokes eine zusätzliche Linie hinzu. Ähnlich wie bei dem Brush Lettering wird so der Abwärtsstrich der Buchstaben in diesem Alphabet besonders betont. Jetzt hast du mehrere Möglichkeiten: Du kannst die doppelten Buchstabenlinien nun entweder frei lassen oder kreativ ausfüllen. Wie du sie füllst, ist dir überlassen. Ob bunt, nur zur Hälfte oder mit Punkten? Probiere es aus! So ist die Schriftart sehr vielseitig und kann je nach Bedarf angepasst werden.

MATERIAL

Bei dieser Schrift empfiehlt es sich, mit Finelinern zu arbeiten. Wenn du die Doppellinien füllst, eignen sich alle Arten von Stiften, die nicht zu dick sind oder durchbluten. Somit kann man hier von Holzstiften, Filzstiften, Acrylfarben, Wasserfarben und Brush Pens Gebrauch machen.

Montag

Dienstag

Mittwoch

Donnerstag

Freitag

Samstag

Sonntag

Notizen

Blockschrift

A B C D E F G H I J K
L M N O P Q R S T U V
W X Y Z

a b c d e f g h i j k l
m n o p q r s t u v w
x y z

INITIALE

Diese Großbuchstaben sind vor allem als Initialen geeignet. Das sind die großen, auffälligen Buchstaben am Anfang eines Textes. Sie sind ein echter Hingucker. Man schreibt den ersten Buchstaben in der besonderen Schriftart und kann dann mit seiner eigenen Handschrift fortfahren. Die Buchstaben sind etwas zeitintensiver zu erlernen, jedoch lohnt sich die Mühe. Belohnt wirst du mit einem schönen Ergebnis. Wie du auf dem Beispielbild siehst, eignet sich das Alphabet für Wochentage oder Monatsnamen!

MATERIAL

Die geschwungenen Buchstaben entfalten ihr volles Potenzial, wenn man sie besonders hervorhebt. Hier eignen sich also dicke Stifte und auffällige Farben. Mit bunten Hintergründen oder Rahmen kannst du diese Buchstaben betonen.

INITIALE

ABCDE
FGHIJ
KLMNO
PQRST
UVWXYZ

SCHLICHT & GROSS

Diese Schriftart ist einfach und schnell zu schreiben – genau richtig für den täglichen Gebrauch. Das Alphabet wirkt durch die simple Schreibweise nicht überladen, eher dezent, hebt sich aber dennoch von der normalen Handschrift ab. Die Buchstaben lassen sich deshalb auch gut mit anderen Schriftarten kombinieren.

MATERIAL

Fineliner, Kugelschreiber oder Bleistift: Hier kannst du verwenden, wonach dir der Sinn steht.

SUPERKALIFRAGILISTIG – EXPIALIGETISCH

SCHLICHT & GROSS

A B C D E F G H I
J K L M N O P Q
R S T U V W X Y
Z

1 2 3 4 5 6 7 8 9 0

QUADRATE

Die quadratische Schrift ist modern und futuristisch. Auf kariertem oder gepunktetem Papier ist es einfach, diese Schrift nachzuschreiben. Die Buchstaben sind sehr einfach, wenn man sich vorher auf ein Raster festlegt. Ich nutze gerne 3 x 3 Kästchen für Überschriften und 2 x 2 für Zwischenüberschriften oder Notizen. Natürlich geht es auch größer oder sogar kleiner, das kannst du selbst entscheiden, je nachdem wie du das Alphabet einsetzen möchtest. Die Zwischenräume der Doppellinien kannst du auf Wunsch individuell und je nach Anlass verzieren.

MATERIAL

Fineliner, Bleistift, Kugelschreiber, Füller ... Alles, was eine präzise Spitze hat, kann man hier verwenden.

QUADRATE

A B C D E
F G H I J K
L M N O P
Q R S T U
V W X Y Z

1 2 3 4 5
6 7 8 9 0

SCHULSCHREIBSCHRIFT

Wer kennt sie nicht, die gute, alte Schulschreibschrift? Zugegebenermaßen hat sie nach wie vor einen besonderen Reiz. Kindlich, aber dennoch schick, geschwungen, vielleicht sogar ein bisschen romantisch? Wie dem auch sei: Sie ist leicht und schnell zu erlernen und dabei wirkungsvoll in unseren Bullet Journals. Sie passt sehr gut zu kleinen Doodles und kindlichen Zeichnungen.

MATERIAL

Natürlich bietet sich für dieses Alphabet ein Füller an. Auch mit einem sogenannten Schönschreibfüller mit breiter Spitze kann man gut arbeiten.

Die Buchstaben lassen sich aber auch gut mit Kugelschreiber und Fineliner schreiben. Teste einfach aus, mit was du am besten zurechtkommst!

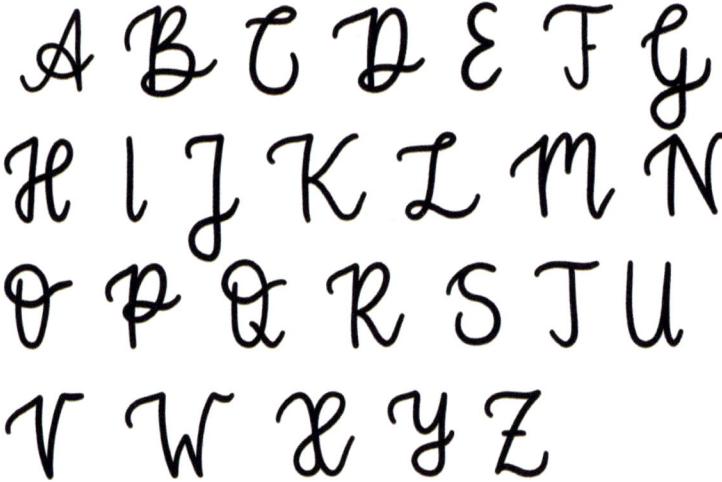

Schul-schreibschrift

a b c d e f
g h i j k l
m n o p q r s
t u v w x y z

1 2 3 4 5 6 7 8 9 0

JUGENDSTILVARIANTE

Modern, anders, geradlinig. Diese Schriftart funktioniert am besten mit einem nicht zu dicken Brush Pen. Hier sind die Up- und Downstrokes der Schlüssel zum Erfolg. Einfacher wird es, wenn du dir einen imaginären Rahmen aus einer bestimmten Anzahl an Kästchen denkst, in dem sich der Buchstabe befindet. So werden alle Buchstaben gleichmäßig, und das Schriftbild wirkt ordentlich. Ich arbeite bei solch schmalen Schriftarten gerne mit einem gedachten Raster aus 4 x 2 (Höhe x Breite) für Überschriften und 2 x 1 für andere Eintragungen. Dazu kannst du einfach die Kästchen in deinem Journal abzählen.

MATERIAL

Für dieses Alphabet eignen sich der Fudenosuke Brush Pen, der Tombow Brush Pen, aber auch ein Fineliner bei durchgehend schmalen Strichen.

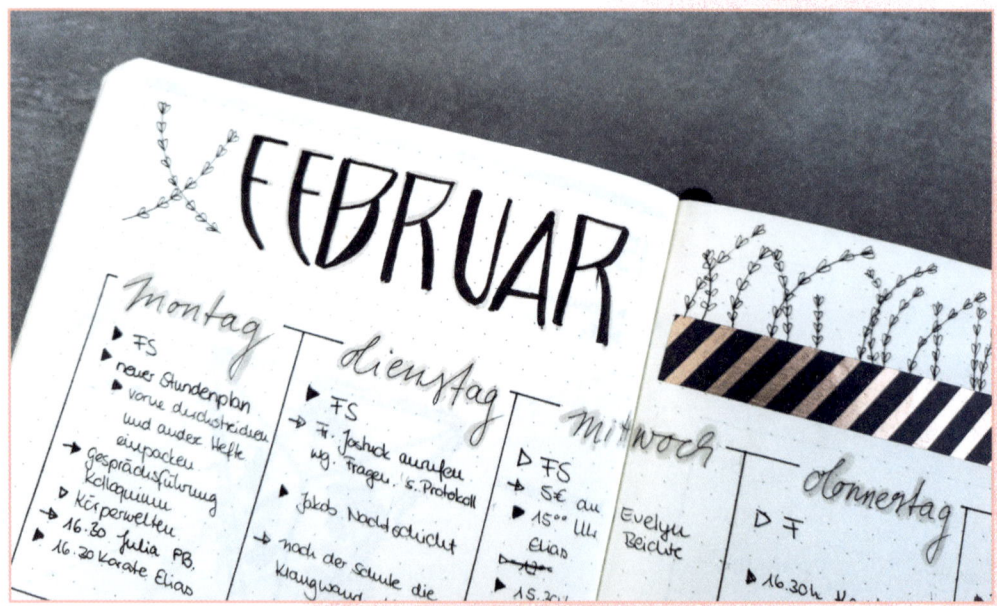

JUGENDSTIL

A B C D E F G
H I J K L M N
O P Q R S T U
V W X Y Z

1 2 3 4 5 6 7 8 9 0

SCRIBBLES

Dieses Alphabet macht einfach nur Spaß! Hier lässt man die Grundlagen der Typografie am besten völlig außer Acht. Das macht die Wörter wilder, außergewöhnlicher und einzigartig. Das Alphabet ähnelt der Blockschrift, wird jedoch nicht so akkurat geschrieben. Die Doppelstege der Buchstaben sind hierbei mehr gekritzelt als genau gezeichnet. Eine weitere Möglichkeit der Individualisierung besteht darin, Schnörkel und Serifen hinzuzufügen.

MATERIAL

So vielfältig dieses Alphabet ist, sind auch die Materialien, die du dafür verwenden kannst. Fineliner, z.B. von Faber-Castell, aber auch Buntstifte, Filzstifte, Füller oder Aquarell- und Acrylfarben mit einem sehr dünnen Pinsel lassen sich gut verwenden.

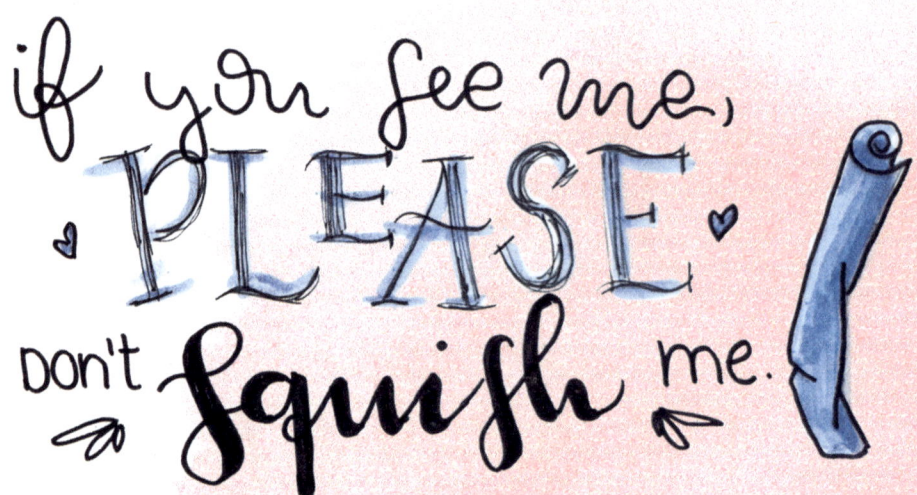

Scribbles

A B C D E F G
H I J K L M N
O P Q R S T U V
W X Y Z

a b c d e f g h i j k l m
n o p q r s t u v w x y z

KLEIN UND GROSS GEMISCHT

Das ist eine meiner Lieblingsschriften! Nach ein paar Zeilen Übung kann man die Buchstaben ohne Probleme sehr schnell schreiben, und durch ihr modernes und unbeschwertes Aussehen lassen sie sich ideal mit anderen Schriftstilen kombinieren. Achte beim Schreiben darauf, dass deine Buchstaben alle auf derselben Höhe enden und du die Mittel- und Grundlinie einhältst. So entsteht ein schöner lang gezogener Effekt. Um etwas Abwechslung in die Schriftart zu bringen, kannst du sie bei Bedarf auch mit einem dünnen Brush Pen schreiben. Dabei werden die Linien bei den Downstrokes verstärkt.

MATERIAL

Für dieses Alphabet eignen sich alle möglichen Schreibutensilien: Brush Pen, Fineliner, Mildliner, Füller, Filz-, Bunt- und Bleistifte.

klein und gross

a b c d e f g h i j k l
m n o p q r s t u v
w x y z

1 2 3 4 5 6 7 8 9 0

FUTURE

Dieses Alphabet ist sehr grafisch und passt daher auch hervorragend zu vielen Illustrationen wie z. B. bei Dotwork-Bildern. Es wirkt besonders gut, wenn man es mit anderen Schriftarten verbindet. Hier kannst du dir ein unsichtbares Raster für die Buchstaben zur Unterstützung nehmen. Ganz Geduldige können auch zu einem Lineal greifen, um die einzelnen Linien noch akkurater zu ziehen.

MATERIAL

Es eignen sich alle Stifte, die eine gleichmäßig breite Linie schreiben: Fineliner, Filz-, Bunt- und Bleistifte, Füller, und für die ganz Genauen braucht es noch ein Lineal oder Geodreieck.

JANUAR   JULI

FEBRUAR   AUGUST

MÄRZ   SEPTEMBER

APRIL   OKTOBER

MAI   NOVEMBER

JUNI   DEZEMBER

Future

A B C D E F G H I
J K L M N O P Q R
S T U V W X Y Z

a b c d e f g h i j k l
m n o p q r s t u v w x
y z

1 2 3 4 5 6 7 8 9 0

GERADE

Diese Schriftart ist grafisch und gerade, dabei jedoch simpler als z.B. Future (S. 64) und hat deshalb noch mehr Verwendungsmöglichkeiten, da sich die Buchstaben leicht individualisieren lassen, z. B. durch die Nutzung mehrerer Farben oder verschiedener Strichstärken. Mit einem imaginären Raster und einem Lineal läuft diese Schriftart zur Höchstform auf. Auch hier gilt: Alles kann, nichts muss.

MATERIAL

Für dieses Alphabet eignen sich Stifte, die eine gleichbleibende Strichstärke aufweisen. Probier aus, was dir gefällt! Es bieten sich z.B. an: Fineliner, verschiedene Farben und Stärken, Marker, Filz-, Bunt- und Bleistifte, Füller.

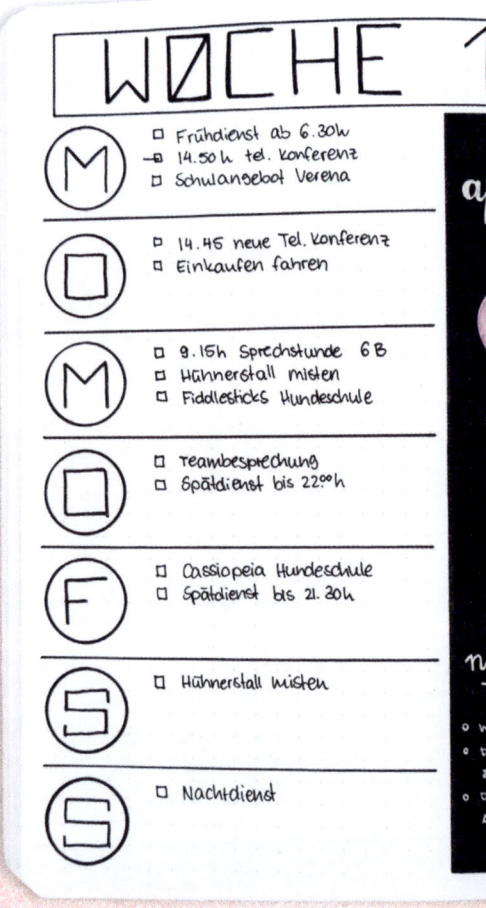

GERADE

ABCDEFGHI
JKLMNØPQR
STUVWXYZ

dbcdefghijk
lmnopqrst
uvwxyz
1234567890

KRINGEL

Die Kringel sind sehr verspielt, romantisch, vielleicht auch ein bisschen old-fashioned. Das Alphabet kommt gut zur Geltung mit bunten Illustrationen und Aquarell- sowie Acrylmalereien. Auch als Initiale eignen sich die Großbuchstaben, um schöne Akzente zu setzen. Um die unterschiedlichen Strichstärken zu erzielen, arbeitest du hier mit den verschiedenen Linienstärken bei Up- und Downstrokes.

MATERIAL

Für das Kringel-Alphabet sind Brush Pens am besten geeignet, wie z.B. von Fudenosuke oder Tombow. Aber auch Marker und besonders Fineliner kannst du im Stil der Faux Calligraphy (S. 40) verwenden.

Kringel

A B C D E F G H
I J K L M N O
P Q R S T U V
W X Y Z

a b c d e f g h i
j k l m n o p q
r s t u v w x
y z

KURVIG

Eine weitere, eher simple Schriftart ist dieses kurvige Alphabet. Es kommt weitgehend ohne harte Kanten aus, und die meisten Buchstaben sind mit ein bis zwei Strichen fertig. Das Alphabet sieht etwas retro aus, was sich prima in ein passendes Layout einfügen würde.

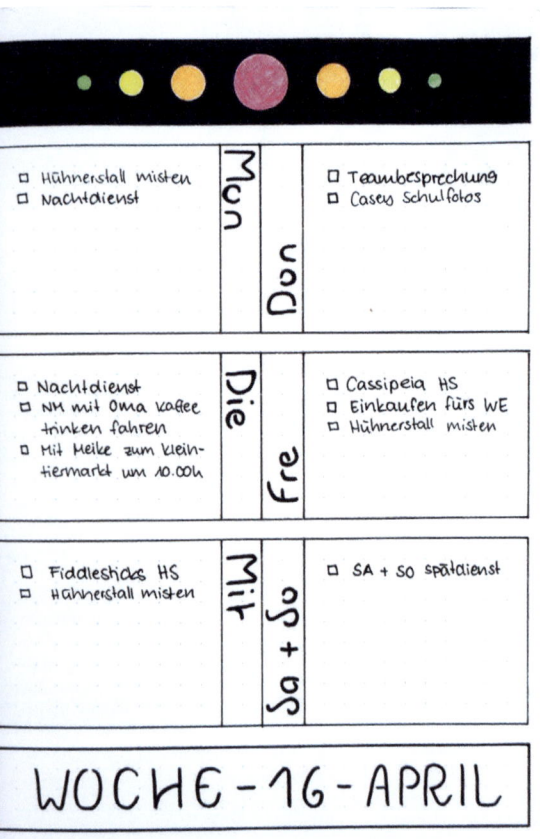

MATERIAL

Die Buchstaben können mit vielen Stiften geschrieben werden. Ob Fineliner, Blei-, Bunt-, Filzstift oder Marker, so wie es dir gefällt. Teste das Alphabet auch mal mit schmalen Pinseln und Acryl- oder Aquarellfarbe!

Kurvig

ABCDEFGHIJKL
MNOPQRSTUV
WXYZ
abcdefghijk
lmnopqrstuv
wxyz
1234567890

BREIT

Dieses Alphabet besteht aus einer Mischung von Faux Calligraphy (S. 40) und Schnörkeln. Die Buchstaben haben einen Doppelsteg, der sich individuell durch Farbe oder Muster gestalten lässt. Mit solchen Buchstaben kannst du Wörter hervorheben und auffällig gestalten. Allein durch seine Breite fällt dieses Alphabet ins Auge.

MATERIAL

Verwenden kannst du für dieses Alphabet diverse Materialien wie Fineliner, Filzstifte, Bleistifte, Buntstifte usw.

BREIT

ABCDEF
GHIJKL
MNOPQR
STUVWX
YZ

SALOPP

Die saloppe Schriftart soll aussehen, als hätten wir es eilig. Das hat seinen besonderen Charme, vor allem wenn man das Alphabet passend einsetzt, z.B. in verschiedenen Listen und Trackern. Bei dieser Schrift darfst du alle Typografieregeln vergessen. Hochgestellt, schief, ein bisschen geschmiert – genau so soll es aussehen. Gewollt – und gekonnt!

MATERIAL

Verwenden kannst du für dieses Alphabet diverse Materialien wie Fineliner, Filzstifte, Bleistifte, Buntstifte usw.

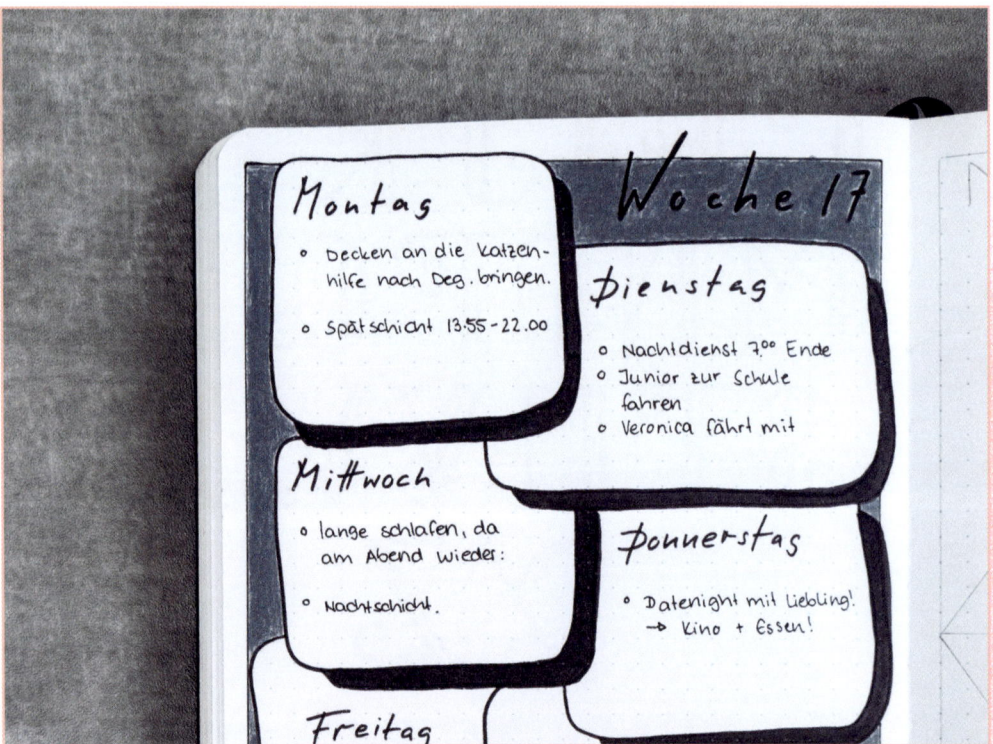

Salopp

A B C D E F G
H I J K L M N
O P Q R S T U
V W X Y Z

a b c d e f g h i j k
l m n o p q r s t u v w
x y z

SCHATTEN

Unsichtbare Buchstaben, die einen Schatten werfen, ist das nicht fantastisch? Das Alphabet ist ein bisschen knifflig, hier sollte man sich etwas Zeit nehmen, um es zu erlernen. Oder man schummelt ein bisschen, indem man die Buchstaben mit einem Bleistift komplett vorzeichnet. Die schattigen Linien werden dann mit einem permanenten Stift nachgefahren und die Bleistiftlinien anschließend wegradiert. Hier im Beispiel ist der Schatten immer rechts, denn das Licht kommt von der linken Seite. Du kannst die Position des Schattens natürlich auch verändern, achte nur darauf, dass die Buchstaben insgesamt einheitlich sind!

MATERIAL

Du kannst alles verwenden, was eine normale Stiftspitze besitzt: Fineliner, Füller, Filz-, Bunt- und Bleistifte, gegebenenfalls auch Pinsel mit Aquarellfarbe für eine besonders zarte Wirkung.

SCHATTEN

A B C D E F G

H I J K L M N

O P Q R S T U

V W X Y Z

1 2 3 4 5 6 7 8 9 0

SCI-FI

Hier möchte ich dir eine außergewöhnliche Schriftart zeigen. Die Buchstaben sind sehr speziell, ein bisschen wie moderne Runen, oder als wären sie einem Science-Fiction-Roman entsprungen. Dieses Alphabet ist etwas aufwendiger, vor allem wenn man akkurat gerade Linien und Winkel schreiben möchte. Es lohnt sich, ein bisschen mehr Zeit zu investieren!

MATERIAL

Dieses Alphabet kannst du gut mit Fineliner, Textmarker, Füller, Filz-, Bunt- und Bleistiften schreiben.

SCI-FI

ABCDEFG
HIJKLMNO
PQRSTUVW
XYZ

123456789

INDEX

KEY & INDEX

Damit du dich in deinem Journal schnell und effektiv zurechtfindest, werden bei der Bullet-Journal-Methode zwei wichtige Punkte beachtet, die ich dir in diesem Kapitel näherbringen möchte: der Key und der Index.

WAS IST EIN KEY?

Der Key, zu Deutsch ganz einfach Schlüssel, ist eine Auflistung deiner häufig verwendeten Symbole mit deren Erklärung. So kannst du deine Symbole auf einen Blick entschlüsseln. Diese Symbole nennt man auch Bullets, woraus sich der Name des Bullet Journals ableitet. Arbeitest du lieber mit Farben, ist ein Farbcode eine weitere Möglichkeit, deine Termine und Notizen zu ordnen. Beschränke dich hier jedoch auf wenige Farben, damit es nicht zu überladen und damit durcheinander wird! Die verschiedenen Symbole nutzt du in deinem Journal zur schnellen Unterscheidung der Termine, Aufgaben und sonstigen Kategorien. Ursprünglich verwendete Ryder Carroll in seinem Planer folgende Key-Symbolik:

Wie alles in einem Bullet Journal darf jedoch auch hier individualisiert und personalisiert werden, da diese Aufteilung nicht für jeden passt. Um dir ein weiteres Beispiel zu zeigen, möchte ich dir meinen Key vorstellen, der sich im Laufe der Zeit so entwickelt und nunmehr seit über einem Jahr nicht mehr verändert hat. Er ist sehr minimiert, da ich für mich festgestellt habe, dass ich keine weitere Einteilung benötige:

•	To-Do / Aufgabe
✗	To-Do / Aufgabe ist erledigt
>	To-Do / Aufgabe ist verschoben
<	To-Do / Aufgabe ist verschoben, hat keine Priorität derzeit oder liegt weit in der Zukunft und wurde ins Future Log (Jahresübersicht) verschoben
○	Termin
—	Sonstige Notizen
✻	Wichtiges wird zusätzlich mit diesem Symbol markiert
!	Gute Ideen, persönliche Mantras und Motivationssprüche

◻	To-Do / Aufgabe
◼	To-Do / Aufgabe ist erledigt
⊟	To-Do / Aufgabe ist verschoben
⏉	To-Do / Aufgabe – Unterpunkte

- • TO-DO / AUFGABE
- ✗ TO-DO / AUFGABE ERLEDIGT
- › TO-DO / AUFGABE VERSCHOBEN
- ‹ TO-DO / AUFGABE IN DEN FUTURE LOG VERSCHOBEN
- ✱ WICHTIG! PRIORITÄT!
- ! GUTE IDEE / ZUSÄTZLICHE INFO MOTIVIERENDES MANTRA!

Material: Muji Gel Pen, Fudenosuke Brush Pen, Lineal
Schriftart: Klein und groß (S. 62)

Überlege, was für dich sinnvoll ist und was du von deinem Key wieder streichen kannst! Benötigst du zusätzliche Symbole oder Kategorien? Überhaupt kein Problem! Trau dich und passe deinen Key so oft wie nötig an! Es kristallisiert sich schnell heraus, was für dich funktioniert und was nicht. Auch ist es möglich, mit Farben, Schablonen oder Stempeln zu arbeiten. Dieser Key ist am besten ganz vorne im Buch aufgehoben, da du ihn so immer wieder schnell nachschlagen kannst.

 Gewöhne es dir möglichst zu Beginn deines Journals gleich an, für bestimmte Ereignisse immer dieselben Symbole, Farben oder Stempel zu verwenden! Dann geht es dir bald automatisch von der Hand. Wie du deinen Key gestaltest, hängt ganz von deinem eigenen Stil ab. Vielleicht inspirieren dich meine Layoutvorschläge?

KEY

- ○ TO-DO / Aufgabe
- ● TO-DO / Aufgabe erledigt
- ◐ TO-DO / Aufgabe verschoben
- □ Unterpunkt / Details
- ♡ Familie
- 🎁 Geburtstag!

Material: Muji Gel Pen, Fudenosuke Brush Pen, Lineal
Schriftart: angelehnt an die Blockschrift (S. 48), mit Serifen und Kringel ausgeschmückt

WAS IST EIN INDEX?

Der Index ist dein zweites, großes Hilfsmittel beim Bullet Journaling. Er ist dein persönliches Inhaltsverzeichnis, das du fortführend aktuell hältst. Somit findest du dich effektiv und schnell in deinem Journal zurecht.

Anfangs mag es auch ohne Seitenübersicht noch leicht sein, den Überblick zu behalten. Im Laufe der Zeit jedoch, spätestens wenn sich dein Planer immer mehr und mehr füllt, ist es äußerst praktisch, eine umfangreiche und aktuelle Seitenübersicht zu besitzen. Wie auch den Key solltest du diese Seiten am Anfang deines Buches einplanen, lass jedoch genügend Platz, damit du Ergänzungen auch gut nachtragen kannst! Einige der Notizbücher auf dem Markt haben bereits vorgefertigte Seiten, in denen du alles eintragen kannst, wie z.B. Dingbats, Leuchtturm 1917 oder auch Scribbles That Matter.

Hierbei ist es wichtig, die Seitenzahl zu vermerken und was auf der Seite zu finden ist. Da dein Bullet Journal genauso individuell ist wie du, kommt es vor, dass du dich nicht chronologisch durch das Jahr arbeitest, sondern Sonderseiten zwischen den Monaten gestaltest, die du so schneller wiederfindest. So kann man jederzeit Gedankenblitze, Einkaufslisten für Geburtstage oder Weihnachten, Rezepte und sonstige Erinnerungen und Notizen in das Journal aufnehmen.

Der Index sollte deshalb übersichtlich, schlicht und nur mit den wichtigsten Infos gefüttert werden. Die Überschrift jedoch kannst du auch wild und aufregend gestalten. Auch kleine Illustrationen, Rahmen, Sticker und Stempel sind großartige Designelemente.

Notizbücher mit einer bereits vorhandenen Seitenzahl erleichtern dir das Führen deines Indexes! Falls dein Notizbuch keine Seitenzahlen besitzt, solltest du sie selbst aktualisieren.

SCRIBBLES OF	PAGE(S)
Coverpage	1 + 2
Kalender	3 + 4
future log Aug - Dez	5 + 6
birthdays	7 + 8
mondkalender	8 + 10
schulaufgaben + noten	11 + 12
instagram tracker	13 + 14
stundenplan	15 + 16
TZU	17 + 18
Arbeitszeiten	19 + 20
elias' noten 4. klasse	21 + 22
Kroatienreise 18.-25. August	23 - 26
august monthly	31 + 32
august mood	33 + 34
august weeklies	35 - 46
September monthly	49 + 50
September mood	50 + 52
September weekly's	53 - 64
September grattiude	65 + 66

Hier siehst du einen vorgefertigten Index.

INSPIRATION INDEX

März

M	D	M	D	F	S	S
•	•	•	•	•	•	1
2	3	4	5	6	7	8
9	10	11	12	13	14	15
16	17	18	19	20	21	22
23	24	25	26	27	28	29
30	31	•	•	•	•	•

ZEITLICHE EINTEILUNG

Im Originalsystem arbeitet Ryder Carroll mit dem sogenannten Rapid Logging, indem er alle Aufgaben kurz und knapp als Bullets, also Aufzählungen, einträgt und diese jeden Tag für den nächsten updated. Das übliche Bullet-Journal-System, das die BuJo-Community verwendet, unterscheidet sich hiervon stark. Man plant hier zum Teil mehrere Tage oder auch Wochen im Voraus. Dies bringt mit sich, dass die verschiedenen Termine in bestimmte Layouts und Übersichten eingetragen werden, die man immer aktuell hält.

JAHRESÜBERSICHT

In der Jahresübersicht, auch **Future Log** genannt, trägt man alle Termine ein, die man bereits eine lange Zeit im Voraus kennt. Auch Aufgaben oder Ideen, die noch in der Zukunft liegen, werden hier festgehalten. Diese Übersicht ist essenziell für dein erfolgreiches Arbeiten mit dem Bullet Journal, denn erst diese Übersicht macht dein Buch zu einem richtigen Planer.

Auch hier hast du die Möglichkeit, dein Future Log so zu individualisieren, wie du ihn brauchst. Hierbei ist es egal, ob du einige Wochen, Monate oder sogar Jahre in das Future Log übernimmst. Reicht es dir, wenn du deine Termine der nächsten sechs Monate im Blick hast? Oder möchtest du doch das gesamte Jahr planen können? Das ist völlig dir überlassen! Du kannst später auch noch mehrere Monate hinzufügen, wenn du merkst, dass dir der Platz nicht ausreicht. Dank dem Index sind auch diese Seiten in deinem Planer schnell gefunden – oder du lässt dir gleich zu Beginn noch eine zusätzliche Seite nach deinem Future Log frei, falls du sie später brauchst. Wenn nicht, kannst du hier einfach Erinnerungen sammeln oder zusätzliche Notizen eintragen.

Eine schöne Gestaltung deiner Jahresübersicht ist äußerst motivierend und nicht zu vernachlässigen. Je weiter du vorausplanst, desto länger arbeitest du mit diesen Seiten, weshalb man mit einem schönen Design ein schnelles Sich-satt-sehen vermeiden kann. Auf den nächsten Seiten siehst du einige verschiedene Designideen, an denen du dich bei der Gestaltung deines individuellen Future Logs orientieren kannst.

 Vergiss nicht, bei einem Notizbuchwechsel deine noch anstehenden Termine und Daten aus dem Future Log ins neue Bullet Journal zu übertragen!

INSPIRATION FUTURE LOG

future log

Future Log

future log

FUTURE LOG

future log

Die Gestaltung deiner Jahresübersicht unterliegt keinen festgelegten Layouts. Du hast viele verschiedene Möglichkeiten, je nachdem wie groß dein Platzanspruch ist. Wichtig ist, dass du auch hier deinen Key verwendest, um die Übersichtlichkeit und Effizienz zu bewahren. Auch eine Kombination aus Symbolen und Farbe ist durchaus praktisch und hilft dir schnell, die verschiedenen Eintragungen unterscheiden zu können.

Ryder Carroll verwendete für seine Jahresübersicht eine horizontale Ausrichtung mit je drei Monaten pro Seite, also ein halbes Jahr pro Doppelseite. Die Seiten sind sehr simpel angeordnet. Die Monate werden durch waagrechte Linien abgeteilt, der jeweilige Tag mit dem entsprechenden Termin versehen – that's it. Einfach, aber effektiv. Eine simple Schriftart wie die Blockschrift eignet sich für die Übersicht sehr gut. Sie ist unaufgeregt, aber ein Highlight auf der Seite. Natürlich kannst du weitere Schriftarten verwenden.

 Auch Geburtstage mit Geschenkideen, Jubiläen, der Abfallkalender oder sonstige sich wiederholende Ereignisse finden im Future Log Platz. Falls du diese Dinge jedoch getrennt notieren und nicht mit den Terminen und Aufgaben kombinieren möchtest, kannst du diese in unabhängigen Listen und Seiten eintragen.

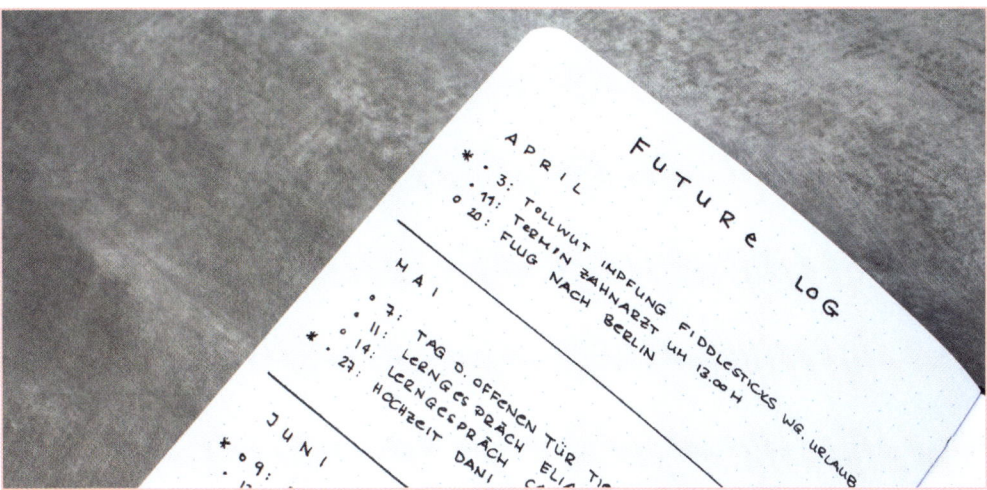

SECHSMONATIGE DARSTELLUNG

Bei diesem Beispiel kannst du sehen, dass ich auf der linken Seite die Monate angegeben habe. Direkt darunter befindet sich ein kleiner Kalender. Wichtige Termine kann ich in dem Platz darunter eintragen. Termine, die ich auf keinen Fall vergessen möchte, kann ich hervorheben. Um das Ganze noch etwas schöner zu gestalten, habe ich die rechte Seite für eine ganzseitige Illustration verwendet. Dadurch schlage ich meine Future-Log-Seite gerne und häufiger auf und werde immer dezent an wichtige Termine erinnert. Vielleicht hast du ein bestimmtes Event, auf das du dich schon das ganze Jahr über freust? Dann male es doch dazu und hebe es mit besonderen Letterings hervor!

Man weiß am Anfang des Jahres nie, wie viele Monate man in sein Bullet Journal bekommt, daher fängt nicht jedes Future Log immer im Januar an.

Material: Fineliner, Brush Pens in Schwarz und Rot

VIERMONATIGE DARSTELLUNG

Material: Fineliner, Brush Pen, Gelstift

Eine weitere Möglichkeit ist, dass du dein Future Log einfach in Spalten unterteilst. Pro Monat eine Spalte, die jedoch breit genug sein sollte, damit du ausreichend Platz für deine Eintragungen hast. Eine Unterteilung in vier bis sechs Monate pro Doppelseite ist eine gute Richtlinie für den Anfang. Eine Monatsübersicht in Kalenderform kannst du dir optional anlegen. Ich persönlich mag die Übersicht sehr gerne, da ich dann auf einen Blick sehe, an welchem Wochentag ein Termin stattfindet. Vor allem wenn du die Tage, an denen Termine stattfinden, markierst. In diesem Future Log habe ich das Brush Lettering (S. 40) für die Monate verwendet. Das Wort „Jahresübersicht" besteht aus sich an dem Punktraster orientierenden Buchstaben.

SIMPLE JAHRESÜBERSICHT

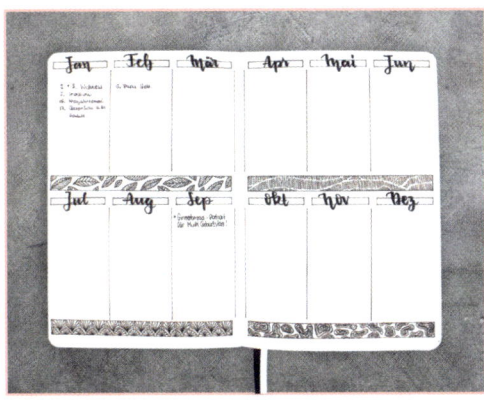

Material: Fineliner, Brush Pen

Die Doppelseite ist hier in zwölf gleichgroße Spalten aufgeteilt, sodass ich pro Seite jeweils sechs Monate des Future Logs für meine Termine zur Verfügung habe. Die Monate sind sehr einfach gehalten. Es gibt nur eine Überschrift mit dem Monatsnamen und in den Spalten selbst die Termine mit Datum. Damit etwas Pep auf die Doppelseite kommt, habe ich noch eine kleine Illustration pro Quartal gezeichnet, die als zusätzliche Abtrennung zwischen den Monaten fungiert.

Man kann die Illustrationen z. B. auch den Jahreszeiten anpassen! Sieht sicherlich toll aus!

KOMPAKTE JAHRESÜBERSICHT

Man kann sich auch einen Kalender anlegen, indem man alle Monate, die man im Future Log haben möchte, auf z.B. der linken Seite einer Doppelseite aufteilt und sich auf der rechten Seite die dazugehörigen Termine etc. notiert. Hierbei unterteilst du dein Blatt in sechs bis zwölf Monate, je nachdem, wie viel du in dein Future Log übernehmen möchtest. Noch mehr oder auch weniger Monate sind meistens nicht optimal, da du entweder zu viel oder viel zu wenig Platz für deine Eintragungen hast. Hast du dies erledigt, erstellst du deine jeweiligen Kalender. Trage hierfür die Monate, dann die Abkürzung der Wochentage ein und darunter die entsprechenden Tage. Auf der gegenüberliegenden Seite erstellst du dasselbe Raster – hier jedoch für deine Eintragungen. Schreibe in den entsprechenden Monat einfach den Tag und den Termin! Möchtest du eine bessere Verbindung zwischen den beiden Seiten, kannst du dir die Tage, an denen du etwas eingetragen hast, auch farbig hervorheben.

Für die Überschrift habe ich das Brush-Lettering-Alphabet gewählt. Allerdings wurde es nicht wie üblich auf der Linie geschrieben, sondern die Buchstaben liegen zum Teil nicht auf der Grundlinie, sondern leicht darüber oder darunter. Das verleiht der Schriftart Dynamik und ist leicht umzusetzen. Das sogenannte **Bounce Lettering** kannst du bei vielen verschiedenen Handlettering-Alphabeten anwenden, versuch es einfach!

Material: Fudenosuke Brush Pen für die Überschriften, Faber-Castell Fineliner für den Kalender und die Kästchen, Faber-Castell Pitt Artist Brush Pens für den Lavendel und das farbige Highlight auf der Schrift

JAHRESÜBERSICHT MIT DUTCH DOOR

Was hat die Dutch Door mit den Niederlanden zu tun und vor allem mit unserem Journal? Der Name kommt von den in den Niederlanden weit verbreiteten, zweigeteilten Türen. So kann man z.B. die obere Hälfte öffnen, während die untere geschlossen bleibt. In etwa so funktioniert das auch im Bullet Journal und gibt dir neuen Platz und viele neue Gestaltungsmöglichkeiten. Möchtest du eine Doppelseite gestalten, zerschneidest du die Seite in der Mitte und kannst sie für verschiedene Gestaltungsideen nutzen.

Achte immer darauf, dass dein Future Log aktuell ist und trage neue Termine, To-dos, Aufgaben oder andere Notizen immer sofort ein!

Hier habe ich die Dutch Door mit zwei verschiedenfarbigen Tombow Brush Pens gestaltet. Als erstes wurde im Brush-Lettering-Stil (S. 40) die Überschrift geschrieben und dann mit einem zweiten Stift (dem dunkleren) die Schatten gesetzt. Um die Schrift noch deutlicher vom Hintergrund abzuheben, wurden die Buchstaben mit einem schwarzen Fineliner umrahmt und zum Schluss weiße Highlights mit einem weißen Gelstift gesetzt. Nach demselben Prinzip sind die floralen Verzierungen gezeichnet. Wenn du dir unsicher bist, zeichne und schreibe immer alles erst mit einem Bleistift vor!

Dadurch, dass ich die Überschrift auf einer Dutch Door platziert habe, habe ich Platz auf den Doppelseiten gespart und kann meine Monatsfelder gleichmäßig groß aufziehen.

Material: Bleistift, zwei verschiedenfarbige Tombow Brush Pens, schwarzer Fineliner, weißer Gelstift

MONATSÜBERSICHT

Die Monatsübersicht oder auch Monthly Log funktioniert an sich ähnlich wie die Jahresübersicht und hilft dabei, jeden Monat einen detaillierten Überblick über die aktuellen Termine zu schaffen. Monatsübersichten sind der Angelpunkt deines Bullet Journals. Für die meisten Bullet-Journal-Fans sind dies die wichtigsten Seiten des Planers. Oft wird der Monat mit einem gestalteten Coverbild eingeleitet. Ein schön geletterter Schriftzug sieht an diesen Stellen besonders gut aus. Da lohnt es sich, verschiedene Handlettering-Stile zu üben.

Jeden Monat aufs Neue kannst du dir verschiedene Designs und Layouts überlegen. So bleibst du stets kreativ und bist immer wieder motiviert, neue Dinge auszuprobieren. Auf YouTube, Pinterest und anderen sozialen Medien findet man unendlich viele Videos und Bilder dieser monatlichen Setups, die dir als Inspiration und Anregung dienen können. Man kann die neuen Monatsübersichten im Voraus für mehrere Monate anlegen oder immer zum Monatsende für den kommenden Monat. So kannst du dir sicher sein, dass du nicht doch noch plötzlich mehr Platz brauchst, als du ursprünglich eingeplant hattest.

Die Monthly Logs sind vergleichbar mit einem normalen Kalender. Hier werden alle Tage aufgezählt und die dazugehörigen Termine eingetragen. Wie man das Ganze gestaltet, ist wieder individuell zu entscheiden. Das selbstgestaltete Layout ist so um einiges persönlicher und effizienter als das der vorgefertigten Kalender. Du kannst dir selbst zusammenstellen, was du in deiner Übersicht brauchst, was für dich wichtig ist und wie es aussehen soll. Dies funktioniert sowohl sehr minimalistisch als auch gestalterisch sehr aufwändig. Auch hier werden die Symbole und Farbcodes aus der Jahresübersicht übernommen. So erkennt man auf einen Blick, in welche Kategorie die Termine und Notizen einzuordnen sind. Geburtstage, Arzttermine und das jährliche Familientreffen erkennt man so auf einen Blick.

Viele Bullet-Journal-Fans haben monatlich unterschiedliche und wechselnde Layoutthemen, die zum Teil sehr gut zur Jahreszeit passen oder zu bestimmten Events, die in der Zeit stattfinden. Beispiele hierfür sind Ostern im Frühling, Sonnenblumen im Sommer, Halloween im Oktober oder Weihnachten im Dezember. Auch hierzu gibt es viele verschiedene passende und saisonale Schriftarten, Doodles und Illustrationen, die man in den sozialen Medien und auf YouTube finden kann.

Am besten überträgst du gleich nach der fertigen Gestaltung deine Termine aus dem Future Log in die aktuelle Monatsübersicht und ergänzt diese dann. Da du in der Monatsübersicht mehr Platz hast als in der Jahresübersicht, kannst du hier deine Termine etwas genauer beschreiben, eventuell durch Adressen und zusätzliche Notizen ergänzen, falls nötig.

Die Gestaltung bzw. Aufteilung hängt von deinem persönlichen Platzbedarf ab. Auf den nächsten Seiten siehst du praktische Beispiellayouts mit verschiedenen Schwerpunkten und Designs. Die Beispiele sollen dich inspirieren und zu neuen Kombinationen anregen.

THEMATISCHE MONATSÜBERSICHT

Hier rechts siehst du einen meiner thematischen Monthly Logs. Da im Oktober Halloween ansteht, habe ich die linke Seite mit einer passenden Illustration versehen. Der Monatsname tritt hier in den Hintergrund. Auf der rechten Seite habe ich in der Mitte die Zeitleiste des Monats platziert. Rechts und links davon kann ich nun meine Termine angeben. Die Spalten habe ich meist nach Privat- und Schul-/Arbeitsterminen getrennt. Das hat sich bei mir bewährt, da ich dann auf den ersten Blick sehe, in welchem Bereich ein Termin ansteht. Man kann hier super in verschiedene Bereiche trennen! Es wären z.B. auch mehrere Spalten für die verschiedenen Familienmitglieder möglich.

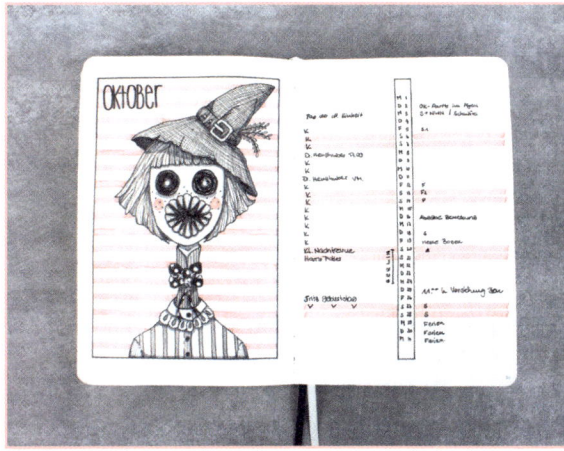

Material: Fineliner und Marker

INSPIRATION MONATE

- 95 -

ORIGINAL NACH RYDER CARROLL

Das Monthly Log nach Ryder Carroll ist sehr puristisch und auf Effizienz ausgelegt. Bis auf den Monatsnamen findet man hier nicht viele gestalterische Elemente. Am linken Rand ist eine Zeitleiste der Wochentage mit Datum, und gleich rechts davon werden die Termine eingetragen. Hier kannst du auch gut deine Symbole und Farbschemen verwenden, um eine bessere Übersicht zu haben.

Ich markiere mir gerne die Wochenenden, indem ich sie entweder farblich absetze oder sie mit Linien von der nächsten Woche trenne.

Material: Fineliner und Marker

Du kannst die Seite auch in zwei oder drei Spalten teilen und sie so deinen verschiedenen Aufgabenbereichen anpassen. So werden beispielsweise die Termine, die du privat hast, von denen deiner schulischen oder beruflichen Laufbahn getrennt. Auch für die Familienmitglieder kannst du bei Bedarf eine eigene Spalte anlegen.

Auf der rechten Seite hast du bei diesem Layout viel Platz für noch mehr Individualisierung. Es ist Platz genug für Aufgabenlisten, verschiedene Tracker, zu denen wir später noch kommen, oder andere planende und gestalterische Elemente. Mein hier verwendetes Alphabet kannst du auf S. 62 finden und ganz einfach nachschreiben.

Material: Fineliner und Marker

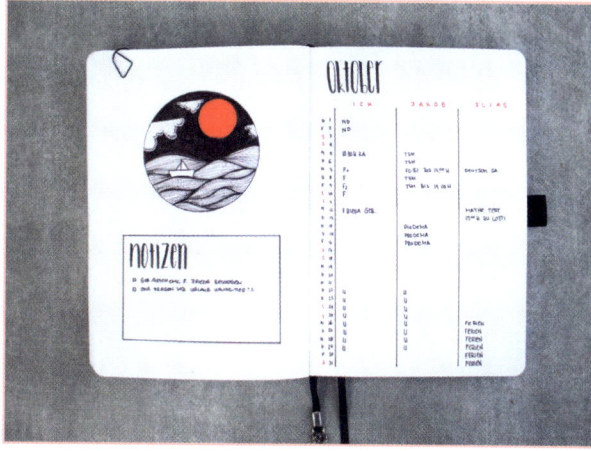

MONTHLY LOG MIT SIMPLER UNTERTEILUNG

Bei dieser Monatsübersicht konzentriert sich das Layout auf zwei Spalten. Auf der linken Seite werden die Termine eingetragen. Der Platz reicht aus, um den Terminen eine kurze Notiz hinzuzufügen, falls nötig. Auf der gegenüberliegenden Seite, rechts der Unterteilung, ist Platz für eine kurze Zusammenfassung des Tages, einen motivierenden Spruch oder um weitere Termine einzutragen. Die linke Seite der Doppelseite ist wieder individuell gestaltbar und eignet sich z. B. für ein Deckblatt mit Handlettering und einer Illustration. Das dazugehörige Alphabet findest du auf S. 42.

Auf der nächsten Seite findest du noch einige weitere Möglichkeiten, dein Monthly Log zu gestalten.

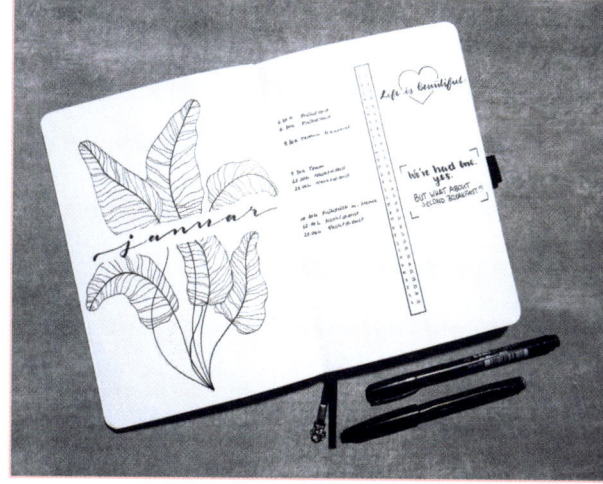

WEITERE MONTHLY-LOG-VARIANTEN

Hier habe ich die Buchstaben des Monatsnamens zusätzlich mit einem Rahmen versehen. So greife ich das Layout für die Tage auch in der Überschrift auf.

Weniger ist oft mehr. In diesem Layout steht allein die Schrift im Vordergrund und unterbricht sogar die Zeitleiste.

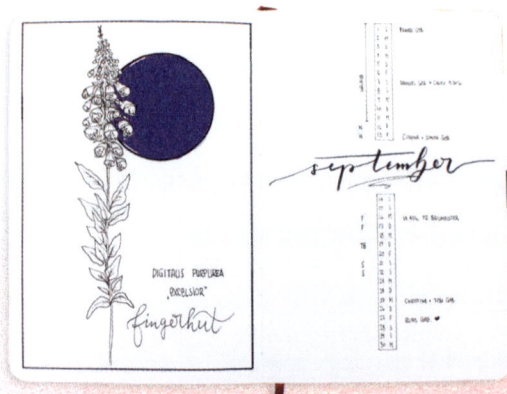

Kombiniere verschiedene Schriftarten, um neue Effekte zu erzielen!

EXTRA: DIE RUNNING TASK LIST

Diese Liste ist eigentlich nichts anderes als eine To-do-Liste für den gesamten Monat. Sie wird jedoch immer wieder aktualisiert und hat keinen festen Termin zur Erledigung. Hier findet alles Platz, was man nicht direkt in die Kalenderübersicht eintragen möchte. Ein Übertragen in das Weekly Log ist optional möglich.

Material: Das Brush Lettering bei „Masterlist" und „February" wurde mit einem Tombow Brush Pen in Schwarz geschrieben und mit Grau schattiert. Die Dutch Door in der Mitte ist entlang der Illustration ausgeschnitten. Dahinter und auf der Rückseite ist nun mehr Platz für zusätzliche Informationen, Ziele, Infos etc. Die restliche Schrift und die Illustration wurden mit einem Fineliner gezeichnet und mit Aquarell Brush Pens von Ecoline koloriert.

WOCHENÜBERSICHT

Manchmal ist eine Monatsübersicht ausreichend, um den Überblick zu behalten. Willst du jedoch mehr Details, Termine oder Erinnerungen eintragen, so eignen sich hierfür die detaillierten Wochenübersichten oder auch Weekly Logs, kurz Weekly genannt. Bullet-Journal-Fans lieben diese Übersicht, da sie das perfekte Bindeglied zwischen der Monatsübersicht und der Tagesansicht sind, zu der wir später noch kommen.

Die Wochenübersichten sind so individuell, wie du es möchtest. Ob man hierfür alle Tage der Woche auf einer Seite unterbringt oder sie auf eine Doppelseite aufteilt, kommt auf den Platzbedarf an, den du in dieser Woche vermutest. Die Wochen auf mehrere Seiten aufzuteilen, ist ebenfalls eine Möglichkeit. Bedenke hierbei jedoch, dass die Termine so womöglich nicht auf den ersten Blick übersichtlich sind! Doch auch hier gilt: Erlaubt ist, was gefällt – und funktioniert.

WEEKLY LOG MIT GROSSER ILLUSTRATION

Bei diesem Beispiel habe ich auf die geletterten Namen der Tage verzichtet, und habe sie auf ein schwarzes Band geprägt und eingeklebt. Direkt darunter habe ich einen Kasten angelegt, in dem ich mehrere Informationen des Tages festhalten kann. Im Hintergrund habe ich mit einem hellen

Brush Pen den Tag angegeben und im Vordergrund das Wetter inklusive Gradzahl sowie meine Tagesstimmung. Damit ich mit dem Montag auf einer neuen Doppelseite beginnen kann, habe ich mich für eine Illustration auf der rechten Seite entschieden.

Material: Prägegerät (meines ist von Dymo), Fineliner, Brush Pens für die farbigen Akzente

ZWEIWÖCHIGE ÜBERSICHT

Auf dieser Doppelseite habe ich pro Seite eine Wochenübersicht angelegt und die Mitte genutzt, um eine Illustration mit Sonnenhüten zu zeichnen. Die Wochenübersichten haben wenige zusätzliche Elemente, nur in den Ecken der einzelnen Tage ist in kleinen Kreisen das Datum und ein Kürzel für die einzelnen Tage angegeben. Da der September an einem Sonntag begonnen hat, habe ich beschlossen, ihn noch zur ersten Septemberwoche dazuzunehmen. Diese Form der Wochenübersicht funktioniert sehr gut, wenn man eher wenige Termine hat oder platzsparend arbeiten möchte.

Material: Fineliner, dünner Brush Pen für das Wort „Woche" und ein farbiger Brush Pen für den Kreis im Hintergrund des Sonnenhuts

WEITERE VARIANTE

Dieses Weekly Log ist aufgeteilt auf eine Woche pro Seite, also zwei Wochen auf einer Doppelseite. Dadurch, dass nicht viele Termine eingetragen werden mussten, blieb noch pro Seite ein bisschen Platz für kreative Ideen. Auf der ersten Seite habe ich mit Wasserfarben und schwarzem Fineliner Kakteen in der Abenddämmerung gezeichnet, und auf der gegenüberliegenden Seite wurde ein kleiner Spruch gelettert. Die Übersichten selbst sind wieder sehr schlicht, nur die Tageskürzel und das Datum wurden farbig hervorgehoben.

Material: Fineliner, Aquarellfarben, weiße Gelstifte für die Akzente

TAGESÜBERSICHT

Das Daily Log ist das Herzstück des Bullet Journals. Hier werden alle Termine und To-dos des Tages eingetragen und die verschobenen Aufgaben vom Vortag übernommen. Nach Ryder Carroll werden diese Dailies jeden Tag für den nächsten vorbereitet, man kann jedoch auch ein paar Tage im Voraus vorarbeiten, wenn du dann mehr Planungssicherheit hast.

Bei den Layouts hat man mehrere Möglichkeiten. Du kannst dir jedoch auch eine feste Einteilung machen, je nachdem wie viel Platz du vermutlich brauchst. Kalkuliere hier nicht zu knapp, oft kommen unerwartete Aufgaben oder Termine hinzu. Pro Tag eine halbe Seite bzw. eine ganze Seite sind hierbei das übliche Layout. Ob man die Seite nun vertikal oder horizontal abteilt, liegt ganz am persönlichen Geschmack und was für dich am besten funktioniert.

FORTLAUFENDES DAILY LOG

Diese Tagesübersicht ist an die klassische Tagesübersicht von Ryder Carroll angelehnt. Sie eignet sich meist nur, wenn man Tag für Tag arbeitet. Hierbei wird alles in das Daily Log geschrieben, was wichtig ist, und am Ende des Tages knüpft man, abgetrennt durch eine neue Überschrift, einfach an. Um das Ganze ansprechend zu gestalten, eignet es sich besonders, die Wochentage in verschiedenen Schriften zu gestalten. Auch wichtige Termine oder Aufgaben kann man mit einer anderen Schriftart hervorheben. Das hilft mir, lieber und öfter in mein Bullet Journal zu schauen und es auch effektiv zu nutzen. Das passende Alphabet dazu findest du auf S. 54.

Material: Fineliner

VIERTAGESÜBERSICHT

In diesem Beispiel habe ich eine Doppelseite in vier gleich große Kästen unterteilt, wovon jeder Kasten einen Tag beinhaltet. Jeder dieser Tage enthält Termine und kleine Notizen in verschiedenen Schriftarten und zusätzlich einer Illustration. Wie du sicherlich erkennen kannst, ist diese Tagesübersicht aus meinem Halloween-Monat Oktober.

Material: Fineliner, Marker in Grau und Rosa

ZWEITAGESÜBERSICHT

Hier ist pro Seite eine Tagesübersicht angelegt. Die Überschriften hierfür sind mit einem Hand-lettering hervorgehoben, und eine Rosen-Illustration ziert jeden Tag.

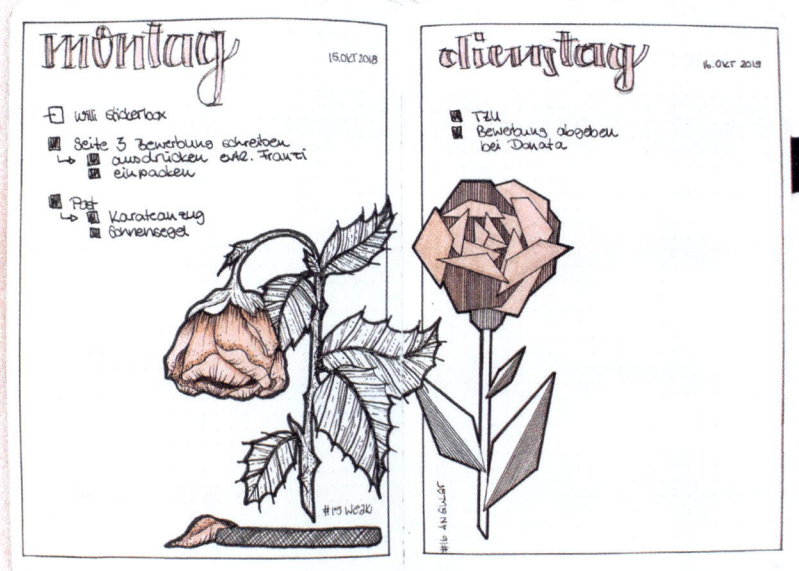

Material: Marker und Fineliner

EINWÖCHIGE ÜBERSICHT

Hier ist die komplette Woche auf einer Doppelseite mit jeweils einer Haftnotiz pro Tag gestaltet.
Für die Überschrift „November" und die Beschrif-
tungen der Wochentage wurden verschiedene Alphabete verwendet. Beide findest du hier im Buch
auf S. 40 und 48 unter den Bezeichnungen Brush
Lettering und Blockschrift.

**Wer gerne mit Haftnotizen
arbeitet, kann diese gut in sein
Layout integrieren. Dies ist
eine gute Möglichkeit, unsichere
Termine oder optionale Aufgaben
aufzuschreiben und sie bei Bedarf
zu verändern oder auch verschwinden zu lassen, wenn nötig –
wie z.B. bei Geschenkideen
für den/die Liebste/n.**

INSPIRATION WOCHENTAGE

Bücher

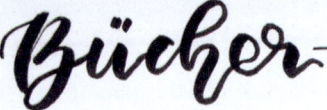

- TRACY BROGAN – AUSGELIEFERT
- LEAH HASJAK – GESCHÄFTLICHE BEZIEHUNGEN
- CLANNON MILLER – HARVESTINE
- CLANNON MILLER – VALKYRIA TEIL I

podcasts

- MANKIND UNITED I
- MANKIND UNITED II
- SONNENTEMPLER I
- SONNENTEMPLER II
- HEAVENS GATE I
- HEAVENS GATE II

Gartenjournal	zeichnen	Instagr
• •	• • •	

habits

Gaming	Haushalt	Blumengi
• • • •	• • • •	

TRACKER

Mit einem Tracker kannst du deine Gewohnheiten überdenken und sie im Blick behalten. So schaffst du dir einen Überblick über deine Verhaltensmuster und kannst sie anschließend bewerten bzw. mehr darauf achtgeben. All das wirkt im ersten Augenblick vielleicht kompliziert, muss es aber nicht sein. Wie? Mit einem Tracker!

WAS IST EIN TRACKER?

Ein Tracker ist eine monatlich wiederkehrende Liste, Tabelle oder Grafik bzw. Illustration, mit der man sich einen Überblick über verschiedene Gewohnheiten verschaffen kann. Das funktioniert im Grunde wie bei den Bullets auch. Man erstellt eine Übersicht über den Zeitraum, den man überwachen möchte, z.B. eine Woche oder einen Monat, manchmal auch eine Jahresübersicht. Hierfür reicht es oft schon, Kästchen, Kreise oder Zeilen in der entsprechenden Anzahl zu zeichnen. Pro Thema, das man tracken möchte, – die sogenannten

Habits – braucht man eine dieser Übersichten. Nun nur noch mit den Gewohnheiten beschriften und gegebenenfalls die Wochentage hinzufügen. Durch das Verschriftlichen geht man bewusster mit seinen Gewohnheiten bzw. Angewohnheiten um. Es bringt zusätzliche Motivation und schafft Erfolgserlebnisse, wenn man einen Punkt als erledigt markieren kann.

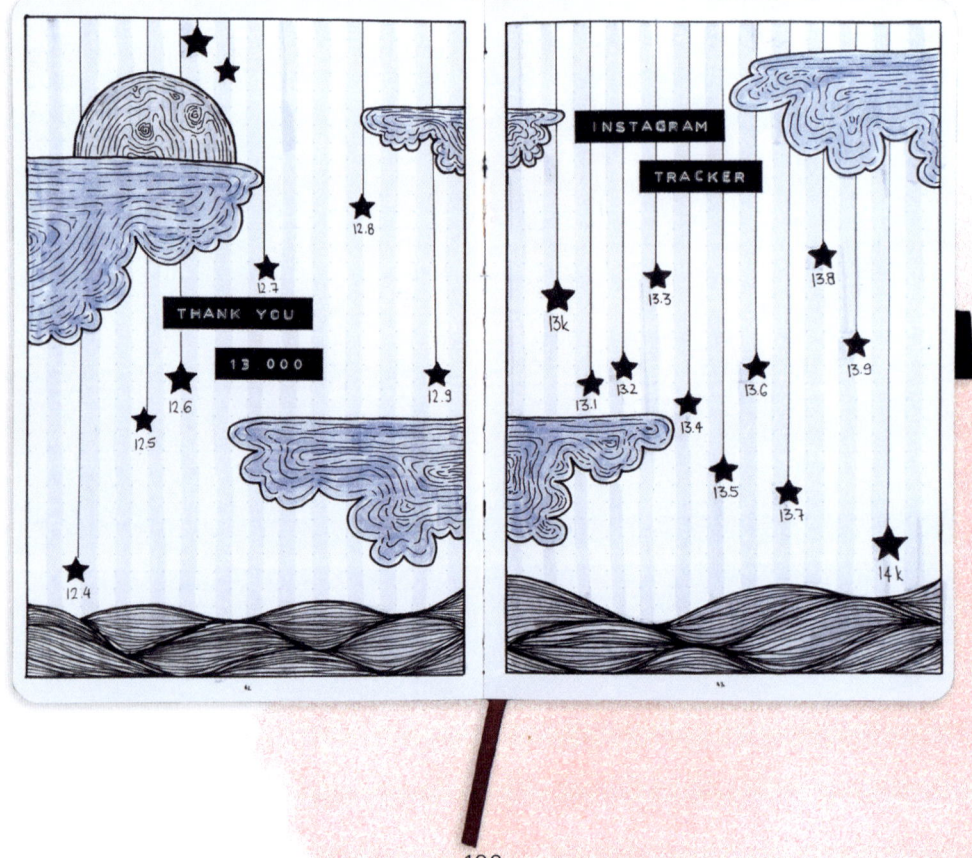

HABIT TRACKER – LAYOUTVARIANTEN

Um seine Wochen- oder Tagesübersichten nicht zu überladen ist ein Habit Tracker äußerst nützlich. Wann habe ich das letzte Mal die Pflanzen gegossen? Habe ich diese Woche zu viele Süßigkeiten gegessen? Wann habe ich das letzte Mal selbst gekocht und genug getrunken? All das kann man auf einen Blick sehen, wenn man es zuverlässig in die Übersicht einträgt.

TABELLARISCHER HABIT TRACKER

Es gibt verschiedene Möglichkeiten der Gestaltung. Die wahrscheinlich meistbenutzte Layoutvariante der Bullet-Journal-Community ist die tabellarische Form der Habit Tracker. In der ersten Spalte werden die Habits eingetragen, und in der zweiten Spalte werden sie linear markiert. Um die Übersicht zu verbessern, kann man darüber noch das Datum und die Tage vermerken. Für die Gestaltung eignen sich verschiedene Handlettering-Alphabete.

MINI-HABIT-TRACKER

Ein weiteres beliebtes Layout ist eine kalendarische Anordnung der Tracker. Für die Mini-Habit-Tracker teilt man am besten das Blatt in Kästen auf. So viele Kästen, wie du Habits vergeben möchtest. Im Beispiel siehst du eine Teilung durch neun. Bis zu zwölf Themen kannst du so auf einer Seite unterbringen. Denk daran, dass du pro Kästchen jeweils so viel Platz brauchst, dass du jeden Tag des Monats in ihnen unterbringst! Auch können dir Wochentage bei der Übersicht helfen.

KREIS-HABIT-TRACKER

Eine weitere beliebte Layoutvariante ist die kreis-
förmige Anordnung. Der Platzbedarf variiert, je
nachdem wie viele deiner Habits du tracken möchtest. Das Limit hierbei ist nur der Seitenrand. Wenn
man mehr Platz benötigt, kann man die Tracker
auch auf Doppelseiten anlegen.

MOODTRACKER

Gerade im Alltag kommt die mentale Gesundheit oft zu kurz. In Verbindung mit den Gewohnheiten schwankt unsere Stimmung oft im Laufe des Monats stark. Auch andere Faktoren können Einfluss darauf haben. Um auch dies im Blick zu behalten und Kausalitäten erkennen zu können, kann ein Mood Tracker sinnvoll sein. Hier sind der Fantasie bei der Gestaltung keine Grenzen gesetzt, sowohl im Handlettering bei der Überschrift als auch bei der Gestaltung der Gefühle, die du einträgst. Du kannst wunderbar z.B. mit Farben, Symbolen, kleinen Illustrationen oder kleinen Zeichnungen arbeiten.

Dieser Mood Tracker hat eine Farbskala (du siehst sie ungefähr in der Mitte), und die Briefe können nach der jeweiligen Tageslaune eingefärbt werden. In diesem Beispiel sind die Briefe keinem besonderen Tag zugeordnet, sondern dienen einer allgemeinen Übersicht. Man könnte sie aber auch beschriften.

MENSTRUATIONSTRACKER

Ein Menstruationskalender kann sehr praktisch sein, auch in Verbindung mit dem Mood Tracker, um zu schauen, ob die Menstruation unsere Stimmung beeinflusst, und wenn ja, wie sie beeinflusst wird. Auch in der Familienplanung oder bei Frauenarztbesuchen ist eine solche Übersicht hilfreich. Auch dein Liebesleben kannst du hier festhalten, wenn du das möchtest. Du kannst auch etwas spielerisch mit dem Thema umgehen. Das zeige ich dir in dem Beispiel Shark week.

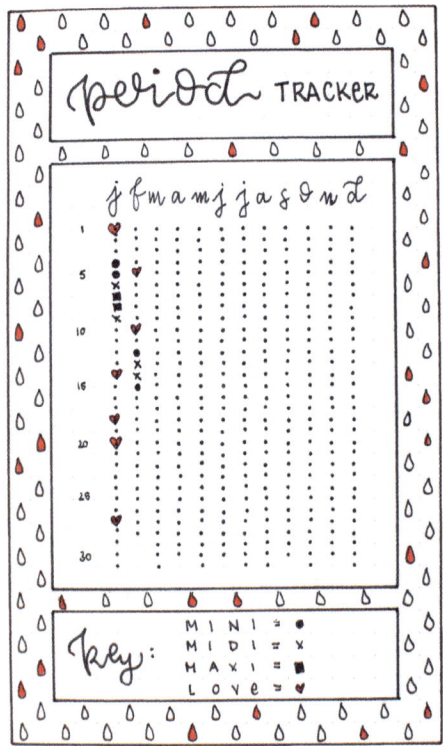

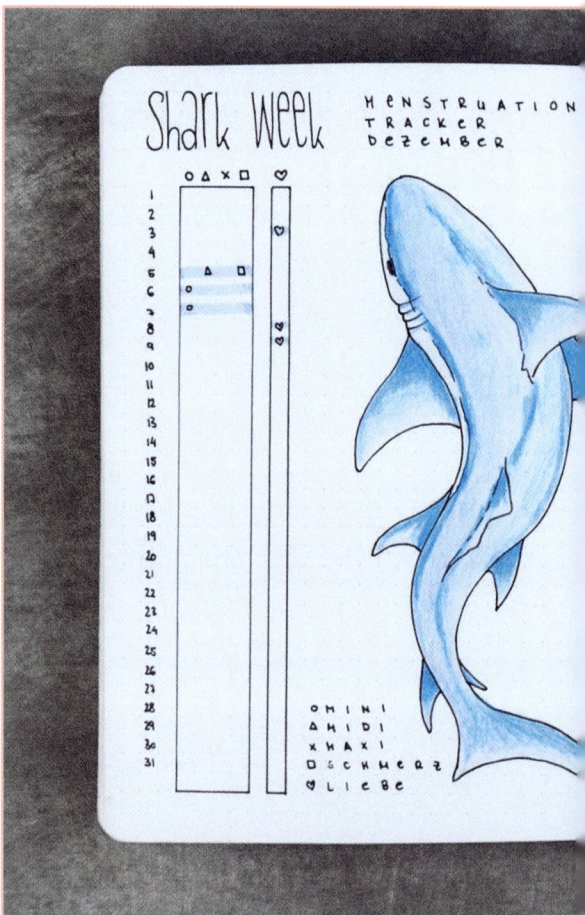

Material: Fineliner, Buntstifte

SCHLAFTRACKER

Oh ja, der Schlaf. Man geht abends viel zu spät ins Bett, obwohl man morgens früh raus muss. Ist sicher schon jedem von uns passiert. Ein Anreiz, dies im Blick zu behalten, kann ein Schlaftracker sein. Führst du auch einen Moodtracker? Manchmal lassen sich so z. B. Zusammenhänge zwischen wenig Schlaf und schlechter Laune erklären. Achte mal darauf!

INSPIRATION SLEEP LOG

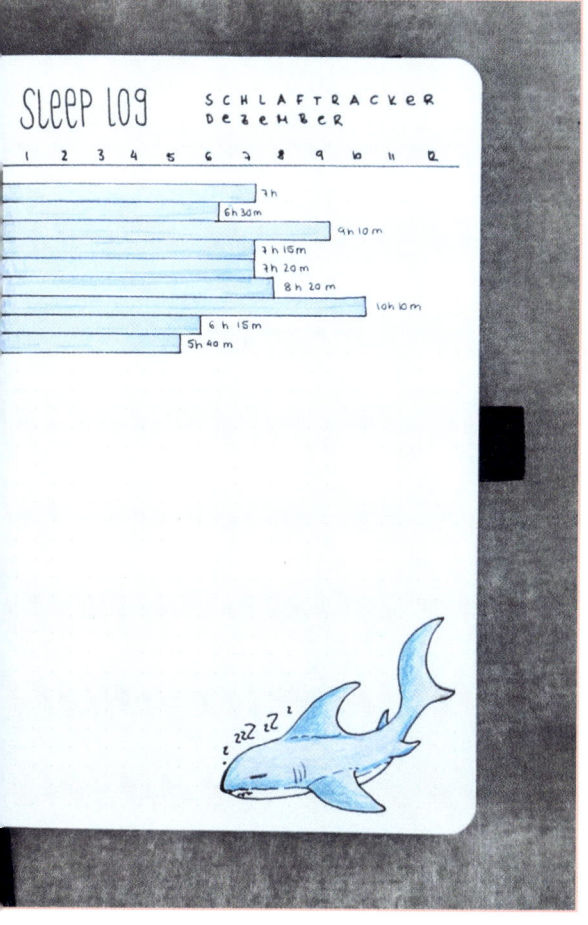

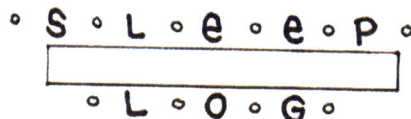

» SCHULAUFGABEN «

FEB

- ▶ 6. PÄDAGOGIK 8.15 H
- ▶ 8. ARBEITSPROBE 10 H
- ▶ 19. GESPRÄCHSFÜHRUNG VOL.

MAR

- ▶ 14. PSYCHIATRIE
- ▶ 20. PSYCHOLOGIE
- ▶ 21. PFLEGE
- ▶ 1. PFLEGE KINAESTHETICS KONZEPT

APR

- ▶ 10. VERWALTUNG

MAI

- ▶ 7. ANLEITER- TREFFEN MK (
- ▶ 7. RECHT MM
- ▶ 8. DEUTSCH
- ▶ 9. PFLEGE

JUN

- ▶ 18. / 19. / 20. ERLEBNISPÄDAGOGIKTAGE
- ▶ 6. ENDREFLEXION

JUL

- ▶ 6. HEP- DAY
- ▶ 26. ABSCHLUSSFEIER

SCHULE, STUDIUM & ARBEIT

Jeder von uns befindet sich in seinem eigenen individuellen Lebensabschnitt. Diesen zu organisieren, ist oftmals nicht einfach. Auf den nächsten Seiten findest du deshalb Inspirationen und Design- sowie Layoutvorschläge für Schule, Studium und Arbeit.

SCHULE

Hierbei ist es egal, ob du noch im Schulsystem steckst oder bereits in einer weiterführenden Schule bzw. einer berufsbegleitenden Schule bist – man hat immer Termine, Daten und andere Notizen, die man sich merken sollte. Dies im Bullet Journal zu integrieren, ist daher nur logisch. Die Gestaltung hängt hierbei zum Ersten von deinen Bedürfnissen ab und zum Zweiten von deinen Layoutwünschen, vielleicht sogar passend zur Schule bzw. zum Beruf? Das Ganze muss jedoch nicht unbedingt uns selbst betreffen. Auch die schulischen Termine der Kinder im eigenen Planer zu integrieren und ihren Fortschritt festzuhalten, ist möglich.

STUNDENPLAN UND LEHRERINFOS

Ein wichtiges Organisationsinstrument in unserem Bullet Journal ist der Stundenplan. Ohne ihn fällt es schwer, sich zu orientieren. Diesen möglichst übersichtlich zu gestalten, ist das A und O. Am einfachsten gelingt dies in tabellarischer Form. Achte hier darauf, möglichst clean zu arbeiten, um die Fächer klar abzugrenzen. Auch eine Markierung mit Farben unterstützt die Übersichtlichkeit.

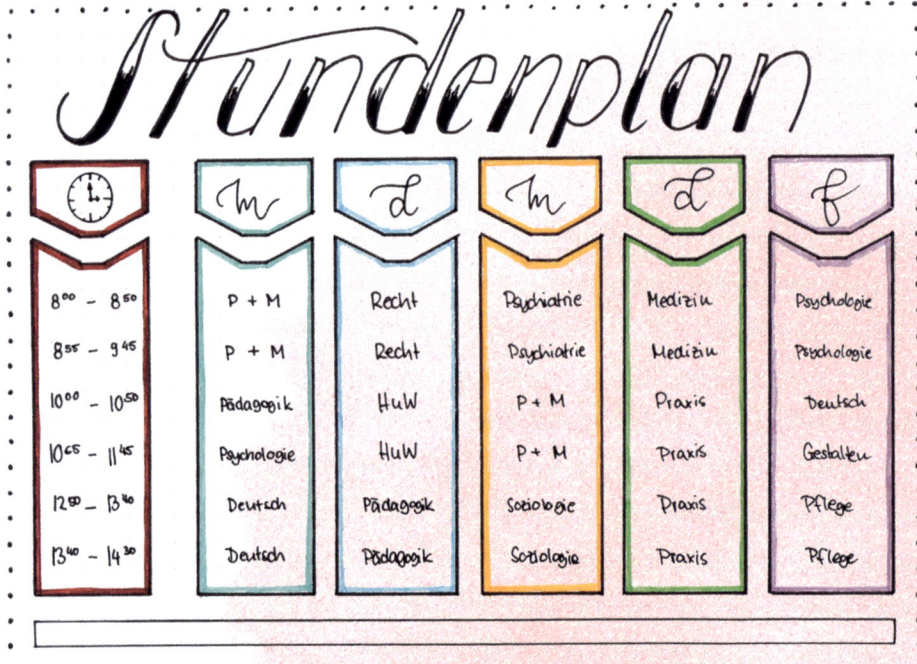

⏰	M	D	M	D	F
8⁰⁰ – 8⁵⁰	P + M	Recht	Psychiatrie	Medizin	Psychologie
8⁵⁵ – 9⁴⁵	P + M	Recht	Psychiatrie	Medizin	Psychologie
10⁰⁰ – 10⁵⁰	Pädagogik	HuW	P + M	Praxis	Deutsch
10⁵⁵ – 11⁴⁵	Psychologie	HuW	P + M	Praxis	Gestalten
12⁵⁰ – 13⁴⁰	Deutsch	Pädagogik	Soziologie	Praxis	Pflege
13⁴⁰ – 14³⁰	Deutsch	Pädagogik	Soziologie	Praxis	Pflege

PRÜFUNGEN

Ein weiterer Punkt, der in unserem Notizbuch nicht fehlen sollte, ist eine Übersicht über die anstehenden Klausuren, Abgabetermine der Hausarbeiten und eine Notenübersicht unserer bisher geleisteten Arbeiten.

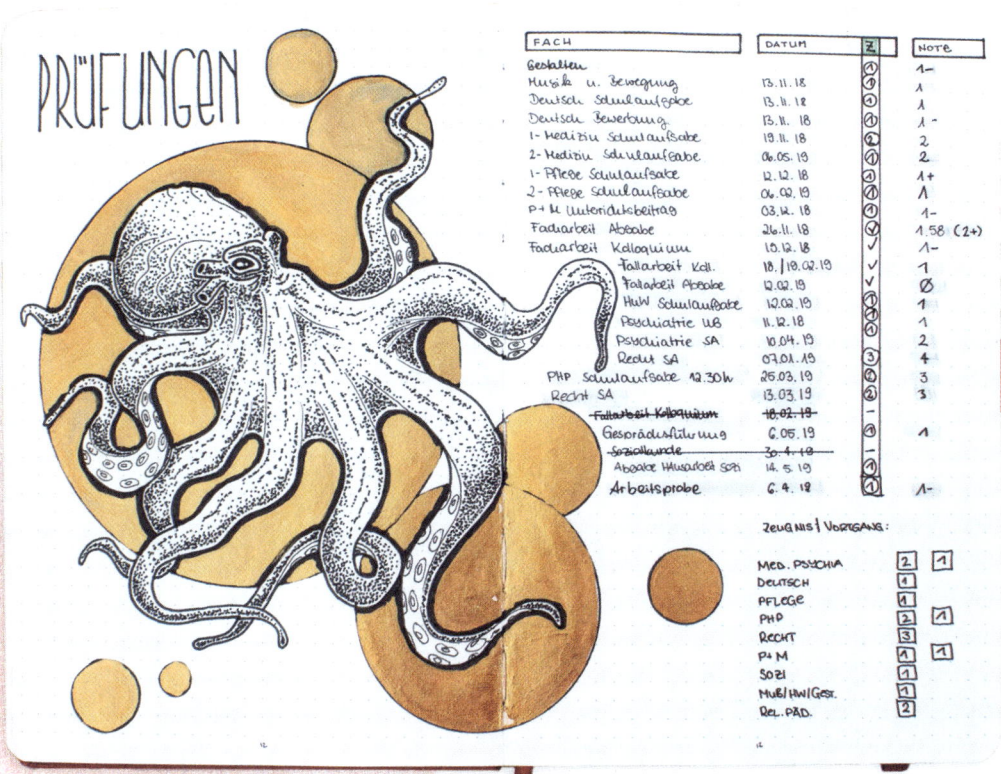

Material: Fineliner, Marker, Gelstift

STUDIUM

Auch später im Studium können wir unser Notizbuch zu einem wichtigen Organisationsinstrument umfunktionieren und die wichtigen Daten integrieren. Wie auch bei den Seiten zur Schule kann man hier auf verschiedene Layouts zurückgreifen, um alle Daten, Termine und Verpflichtungen eintragen. Die Produktivität steigt, was dem Studium zugutekommt. Die Zeit sinnvoll zu planen, sich Ziele zu setzen, seine Deadlines im Blick zu haben, hilft uns, unsere Effektivität zu erhöhen und die Ergebnisse zu verbessern.

FÄCHER/STUNDENPLAN/DOZENTEN

Wie auch beim Stundenplan für die Schule ist die Übersichtlichkeit essenziell. Verschiedene Farben für verschiedene Kurse, Projekte etc. helfen dir, auf den ersten Blick zu differenzieren. Im Stundenplan selbst gilt: Weniger ist mehr! – Dies muss allerdings nicht für die äußere Optik gelten. Das hier verwendete Alphabet findest du auf S. 44, die passende Illustration dazu kann dir als Vorlage oder Inspiration dienen.

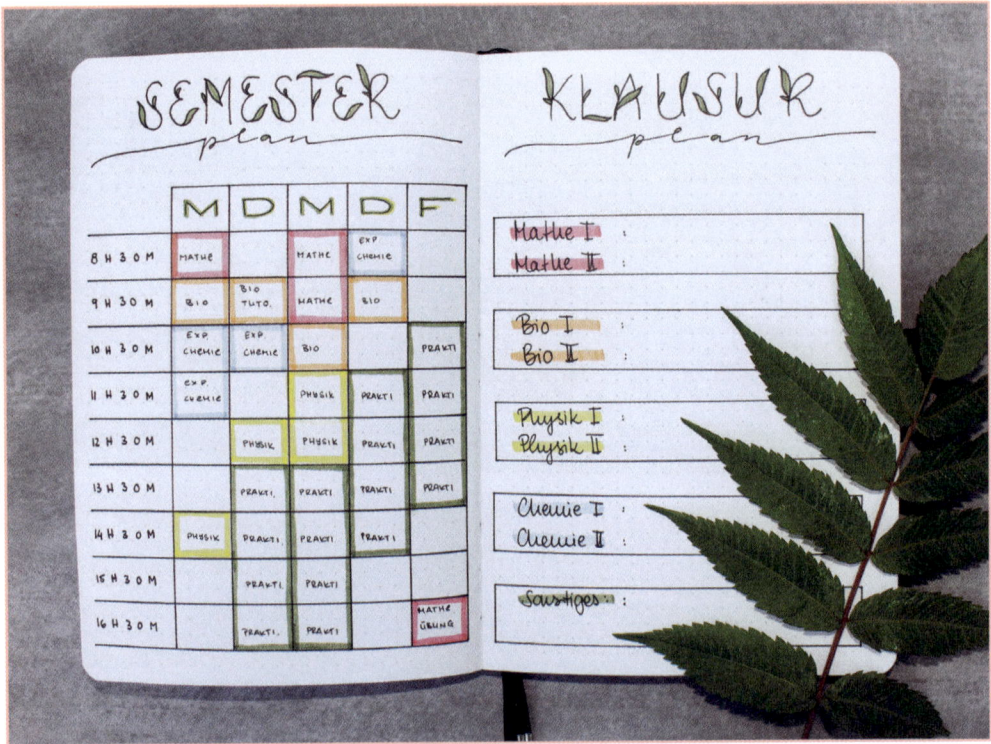

ABGABETERMINE/NOTENÜBERSICHT

Ebenfalls ähnlich wie in der Schule hast du auch im Studium mit deinen Klausurnoten und einer ddzugehörigen Notenübersicht einen besseren Überblick über deine erbrachten Leistungen. Es ist dir freigestellt, ob du diese Übersicht pro Semester, Jahr oder doch für dein gesamtes Studium anlegen möchtest. Du muss dir vorher nur deinen Platzbedarf in etwa einteilen. Sollte dir der Platz doch mal ausgehen, kann man jederzeit optional lose Blätter hinzufügen, wie z. B. aus dem Block Dot Grid A5 von Clairefontaine.

Material: Alphabet Klein und groß auf S. 62 mit Fineliner, Überschriften im Brush Lettering (S. 40), geschrieben mit einem dünnen Brush Pen. Die Doodles am unteren Rand wurden wieder mit Finelinern gezeichnet und koloriert.

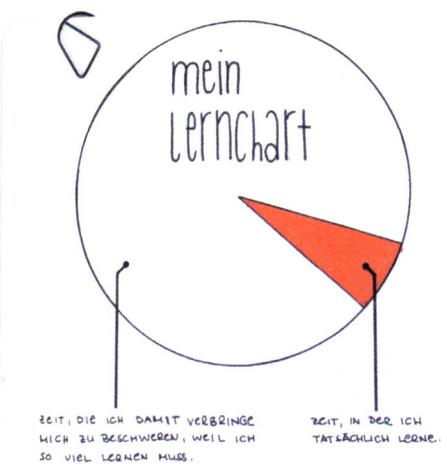

Wichtige Termine

18.10.	ADHS FORTBILDUNG	◉
16.10.	BORDERLINE VORTRAG	◉
17.10.	BINDUNGSTHEORIE	◉
21.11.	EXKURSION FORENSIK RGBG	◉
14.01.	DER ALTERNDE MENSCH	◉
15.01.	DEMENZ FORTBILDUNG	◉
28.02.	EINFÜHRUNG FALLARBEIT	○
08.04.	ARBEITSPROBE BIOGRAPHIE	○

Abgabetermine

04.04	HAUSARBEIT SOZIOLOGIE	○
06.04.	KONZEPT PRAXIS BIOGRAFICARBEIT	○
28.05.	MEDIZIN UNTERRICHTS-BEITRAG	○
6.6.	PSYCHIATRIE REFERAT	○

mein lernchart

ZEIT, DIE ICH DAMIT VERBRINGE MICH ZU BESCHWEREN, WEIL ICH SO VIEL LERNEN MUSS.

ZEIT, IN DER ICH TATSÄCHLICH LERNE.

Klausuren

1. MEDIZIN	19.11.	①	1. PSYCHIATRIE	11.12.	①
2. MEDIZIN	06.05.	○	2. PSYCHIATRIE	16.04.	○
1. PFLEGE	12.12.	①	1. RECHT	07.12.	②
2. PFLEGE	06.02.	○	2. RECHT	12.07.	○
1. HUW	18.02.	③	1. DEUTSCH	13.11.	①

Material: Fineliner, Brush Pen, Filzstift

ARBEIT

Wenn wir über Produktivität und Effektivität reden, darf natürlich ein Bereich nicht fehlen: die Arbeit. Natürlich kann man diese Termine auch in die normalen Logs integrieren, oftmals lohnt es sich jedoch, für bestimmte Bereiche eigene Übersichten, Listen oder Tracker anzulegen. Dienstpläne, in denen man Überstunden vermerken kann, Projektplanungen, Erinnerungen an Betriebsausflüge und so weiter. Hier findet alles seinen Platz.

DIENSTPLAN

Ich arbeite im 3-Schicht-System, weshalb es mir persönlich schwerfällt, den Überblick über meine erbrachten Stunden zu bewahren. Aus diesem Grund habe ich in meinem Bullet Journal einen Dienstplan-Zeitnachweis direkt hinter dem Future Log integriert, meist für das gesamte Jahr. Falls zwischendurch das Bullet Journal voll ist oder gewechselt wird, werden die Dienste einfach in den neuen Plan übertragen.

Material: Für die Überschrift habe ich das Brush Lettering (S. 40) angewendet, mit Fineliner von Faber-Castell. Ebenso auch für die Illustration. Zusätzlich wurde der Hintergrund mit Coliro Metallic Wasserfarben koloriert. Für die Schlange als Illustration habe ich mich deshalb entschieden, da mein Journal zu diesem Zeitpunkt das Thema Tiere hatte.

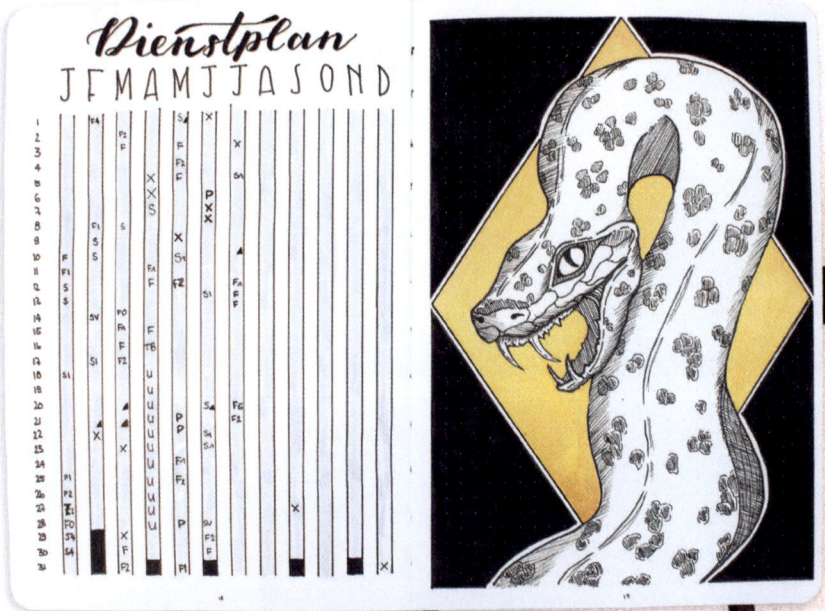

AUFGABEN

Aufgaben und Projekte in der Arbeit sind ebenfalls ein großes Thema, das unsere Organisation betrifft. Wenn du alles in einem Buch unterbringen möchtest, solltest du vorher den ungefähren Platzbedarf ermitteln. Zwei Doppelseiten sind meist für die gröbsten Punkte ausreichend. Normale Listen zu schreiben mit einer Überschrift, sieht akkurat und clean aus, man behält den Überblick, es kann jedoch schnell langweilig wirken. Deshalb kann man hier verschiedene Schriftarten oder Layouts verwenden, um einen individuellen Look zu erzielen.

In meinem Beispiel sieht man eine Planungseinheit meiner Facharbeit. Die einzelnen Schritte wurden erst mit Bleistift in den verschiedenen Kästchen für die unterschiedlichen Termine festgelegt, da es noch nicht sicher war, ob sie so durchzuführen sind. Als die einzelnen Durchführungen dann zu Ende waren, wurden sie mit Fineliner kurz beschrieben. Das hat mir geholfen, mich besser daran zuerinnern und es so in der Facharbeit differenzierter und detailreicher beschreiben zu können. Außerdem ist es eine schöne Dokumentation für später, wenn ich daran zurückdenke und meine Bücher durchblättere.

Achte hier auf den Datenschutz! Solltest du dein Bullet Journal verlegen, müssen die Daten deiner Kollegen, Kunden etc. unbedingt geschützt sein!

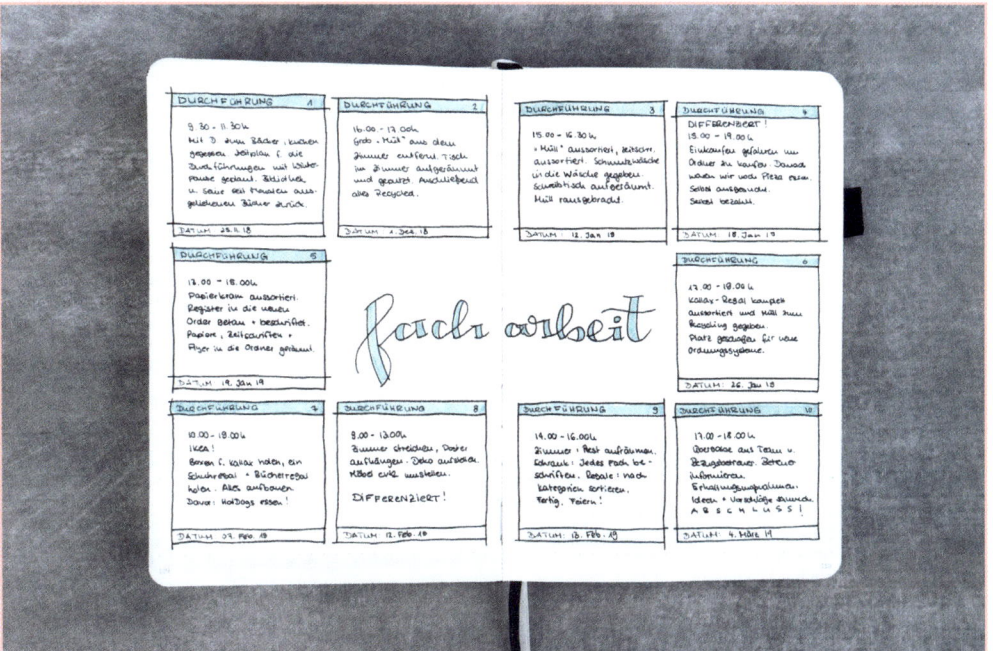

packliste

sehr wichtig

- Bargeld
- ec-karte
- Notfall-Telefonnummern
- geldbeutel
- gr. Vers. karte auto
- Führerschein
- Adrialin-Buchung

- KKV - karte
- ausweise | Pässe
- auto - ersatzschlüssel
- warnwesten
- Warndreieck
- Go-Pro. cam
- Buch + stifte !

. – 25. August
to
CROATIA

medikamente

- Blasenpflaster
- Durchfalltabletten
- erste-hilfe-set
- fiebersaft | -tabletten
- aciclovir
- mückenspray
- casey's inhalator
- Pflaster + allergiezeug
- schmerztabletten
- Wundcreme f. Sonnenbr.

hygiene

- haarbürste | kamm
- Deo | Bodyspray 2x
- Duschgel | Shampoo
- haargummis | Spangerl
- Labello | creme | son. milch
- rasierer | rasurgel
- schminke | abschminktü.
- zahnbürste | Pasta
- after - sun - lotion
- handtücher
- Badetücher
- Bademantel
- minipack waschpulver
- ☐
- ☐
- ☐

sonstiges

- Brille | kontaktlinse
- Bücher | Hörbücher
- koffer | badetasch...
- kühlbox | getränke...
- handy + akku + P...
- iPads + akkus + ...
- strandmuschel
- flossen | schnorchel
- luftmatraze
- Flossa+ korbhäre...

kleidung

- hosen kurz | lang
- mützen | caps
- Pullover
- Regenjacke
- T-shirts
- röcke | kleider
- Bikinis | Badehose
- socken
- unterwäsche
- sandalen
- turnschuhe
- Badeschuhe
- ☐
- ☐
- ☐

FREIZEIT & HOBBY

Nicht alles, was wir in unser Bullet Journal schreiben,
muss unbedingt zur Produktivität beitragen. Auch Sachen,
die einfach Spaß machen oder uns guttun, sollte man
integrieren. Hobbys und Freizeitaktivitäten sind ein
wichtiger Ausgleich zum Alltag.

FITNESS UND SPORT

Für viele von uns gehört körperliche Auslastung zum allgemeinen Wohlbefinden dazu. Die Bürojobs werden immer mehr, in vielen Berufen oder Schulsituationen bewegt man sich kaum mehr. Um dem entgegenzuwirken, sollte man auf angemessene körperliche Bewegung achten. Doch ich denke, ich spreche für uns alle, wenn ich sage, dass die Motivation oftmals auf der Strecke bleibt und das Sofa nach einem langen Arbeitstag zum Teil äußerst attraktiv erscheint. In solchen Situationen kann ein Sport- und Fitness Tracker motivierend wirken. Sich auszupowern und dann einen Punkt in seinem Journal abzuhaken, sind gleich zwei Dinge, die für manch einen erstrebenswert sind. Du kannst diesen Punkt natürlich auch als eine Gewohnheit in deinen Habit Tracker integrieren. Möchte man es allerdings vielleicht mit einer Diät oder einem Ernährungsplan verbinden, kann es durchaus sinnvoll sein, diesen Punkt auszulagern und dafür extra Seiten in seinem Journal anzulegen.

Material: Fudenosuke Brush Pen, Fineliner. Die verwendeten Alphabete findest du auf S. 42 und 46.

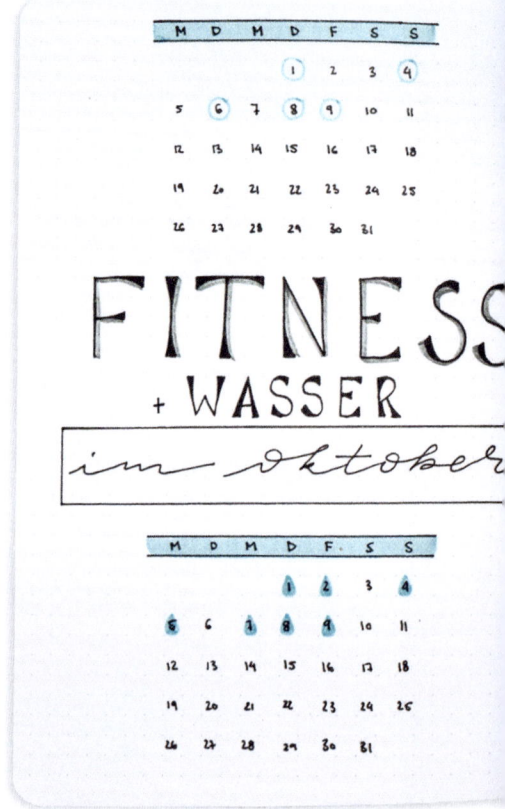

INSPIRATION FITNESS UND SPORT

mealplan

M	Lowcarb Lauchnudeln mit Pilz - Rahm - Soße
D	Kichererbsenburger mit Guacamole
M	Gemüserisotto
D	Tomate - Mozzarella - Salat
F	Griechischer Nudelsalat
S	Pizza aus dem Keramikgrill
S	Grillen

Material: Fudenosuke Brush Pen, Haftnotizen deiner Wahl. Die verwendeten Alphabete findest du auf S. 40 und 54.

EINKAUFSLISTEN UND MEAL PLAN

Im Zusammenhang mit dem Fitnessplan bereits erwähnt, kann auch ein sogenannter Meal Plan mit integrierter Einkaufsliste nützlicher Bestandteil in deinem Bullet Journal werden. Entweder du hängst diesen immer direkt an deine Weekly Logs und/oder dem Fitness- und Sporttracker an, oder du arbeitest mit Haftnotizen, sodass du den Plan nur einmal zeichnen bzw. schreiben musst und jede Woche aufs Neue nach deinen Wünschen und Bedürfnissen verändern kannst.

Du kannst auch deine Lieblings-speisen und Grundnahrungsmittel auf vorbereitete Zettel schreiben, die du bei Bedarf mit Washi Tape erneut in deinen Meal Plan heften kannst. Zur Aufbewahrung eignet sich ein eingeklebter Briefumschlag oder die Papiertasche am Ende deines Notizbuches, falls dein Bullet Journal eine besitzt.

BÜCHER- UND SERIENLISTEN

Um vom Alltag abzuschalten, in fremde Welten zu entfliehen und alles um sich herum zu vergessen, eignet sich nichts besser als ein Buch, eine gute Serie oder auch ein Hörbuch und Podcast. Oftmals ist es spannend, am Monats- oder sogar Jahresende zu sehen, wie viele Bücher/Hörbücher oder Serien man beendet hat, und auch eine kurze Bewertung abzugeben, macht Spaß.

Material: Tombow Brush Pens, Faber-Castell Ecco Pigment Fineliner, Arteza Buntstifte

Eingeklebte Coverfotos oder schön arrangierte Fotos der gelesenen Bücher und Hörbücher sehen nicht nur großartig aus, sie sind auch eine wunderbare Erinnerung an deine Lieblingsbücher.

PACKLISTE FÜR DEN URLAUB

Will man mal komplett vom Alltag abschalten, gibt es nichts Besseres, als in den Urlaub zu fahren. Doch auch hier gilt es, organisiert heranzugehen, um Stress und Chaos bei der Vorbereitung zu vermeiden. Eine Packliste für die wichtigsten Dinge zum Abhaken, die Eckdaten der Flüge bzw. Zugreservierungen, ein paar Seiten Platz für die schönsten Fotos als Erinnerung. Eine To-do-Liste für die Dinge, die man erledigen muss, wenn man zurück ist (Wäsche waschen, Zimmerpflanzen gießen usw.), und schon ist man perfekt vorbereitet.

Im Beispiel habe ich das Urlaubsziel grob illustriert und mit einem Cut Out der Seite gearbeitet, um die Liste aufregender zu gestalten, und ich muss sagen – es hat gewirkt! Jedes Mal, wenn ich die Seite aufgeschlagen habe, war ich voller Vorfreude auf den bevorstehenden Urlaub.

Material: Tombow Brush Pen mit dünner Stiftspitze, Faber-Castell Ecco Pigment Fineliner

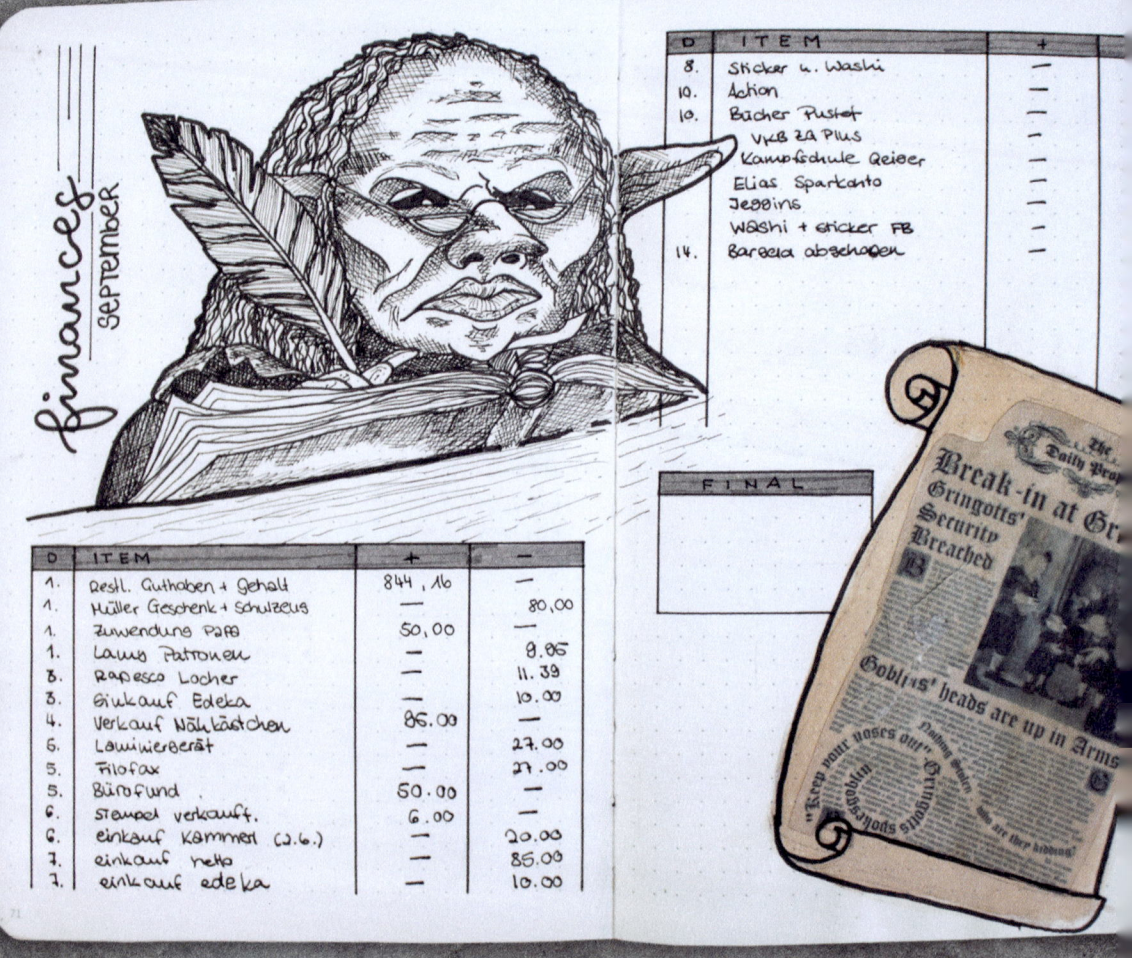

finances
September

D	ITEM	+
8.	Sticker u. Washi	—
10.	Action	—
10.	Bücher Pustet	—
	VKB ZA Plus	—
	Kampfschule Geier	—
	Elias Sparkonto	—
	Jessins	—
	Washi + Sticker FB	—
14.	Barbara abschöpfen	—

FINAL

D	ITEM	+	−
1.	Restl. Guthaben + Gehalt	844,16	—
1.	Müller Geschenk + Schulzeug	—	80,00
1.	Zuwendung Papa	50,00	—
1.	Laus Patronen	—	8,85
8.	Rapesco Locher	—	11,39
3.	Einkauf Edeka	—	10,00
4.	Verkauf Nähkästchen	86,00	—
6.	Laminiergerät	—	27,00
5.	Filofax	—	27,00
5.	Bürofund	50,00	—
6.	Stempel verkauft.	6,00	—
6.	einkauf kammer (2.6.)	—	20,00
7.	einkauf netto	—	85,00
7.	einkauf edeka	—	10,00

FINANZEN

Um den Überblick über das Konto zu behalten,
dokumentieren viele Bullet-Journal-Fans ihre Finanzen
auch in ihrem BuJo.

EINNAHMEN UND AUSGABEN

Einnahmen und Ausgaben kann man meist jederzeit digital überprüfen oder auch über Kontoauszüge. Allerdings ist es noch mal etwas ganz anderes, sich damit aktiv zu beschäftigen und jede Transaktion schriftlich festzuhalten. So wird einem mit der Zeit bewusst, an welchen Stellen wie viel Geld ausgegeben wird. Eine Abrechnung am Monatsende macht dann deutlich, wo das Geld „verschwunden" ist, und manchmal wird einem dann erst klar, dass manche Käufe vielleicht gar nicht notwendig waren.

SPAREN

Möchte man effektiv sparen, kann dieser Tracker dabei helfen. Schön gestaltet, ist man motiviert, sein Geld zusammenzuhalten oder aktiv zur Seite zu legen. Vielleicht in ein schönes Glas in der Wohnung, welches man sich ins Bullet Journal zeichnet und dabei zusehen kann, wie es sich real und auch auf dem Papier immer weiter füllt? Hierbei sind deiner Fantasie keine Grenzen gesetzt. Es reicht oft schon eine einfache Übersicht, um sich weiter zu motivieren. Mit einem entsprechenden Lettering- und Zeichendesign kann man das sehr witzig und zugleich schön in sein BuJo übertragen.

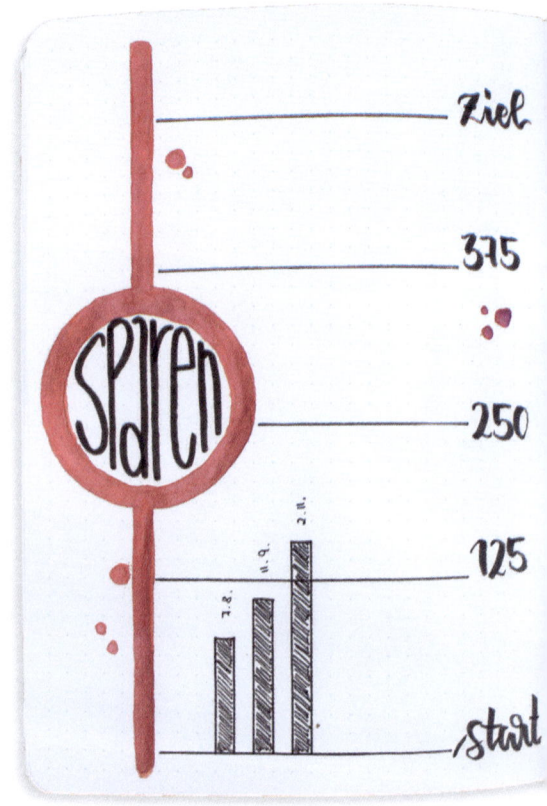

BESTELLUNGEN

Vor allem bei Bestellungen gibt man heutzutage viel Geld aus – und auch die Bullet-Journal-Anhänger können davon ein Lied singen. Überall gibt es fantastische Stifte, wunderbare Notizbücher und atemberaubende Sticker, Stempel und Washi Tapes. Ach ja! Da kommt man ins Schwärmen! Um den Überblick nicht zu verlieren und kontrollieren zu können, was man wann bestellt hat, wie viel bezahlt wurde und ob es schon eingetroffen ist, ist dieser Spread genau das Richtige für uns. Mehrere Spalten mit einer Beschreibung oder Bezeichnung der Bestellung, Bestelldatum, Bezahlung und ob und wann es eintreffen soll bzw. eingetroffen ist, und schon gibt es keine Überraschungen mehr. Schön gestaltet mit Handlettering und einer Illustration, macht das Ganze gleich doppelt so viel Spaß.

INSPIRATION BESTELLUNGEN

DO
MORE
OF
WHAT
MAKES

Y
HA
IN
TRAC

WEITERE LISTENIDEEN

Die Liste der Dinge, die man in ein Bullet Journal
integrieren kann, ist schier unendlich, da jeder von uns
besondere Wünsche und Bedürfnisse hat. Jeder kann
für sich entscheiden, was er persönlich für sinnvoll erachtet.
Auf den folgenden Bildern findest du einige weitere Seiten
aus meinem Bullet Journal als Inspiration und Anregung,
was alles möglich ist.

GRATITUDE

Das Gratitude Log ist sozusagen eine kurze, positive Zusammenfassung des Tages. Wofür warst du an dem Tag dankbar? Ähnlich einem Tracker wird eine Seite angelegt, auf der du dir für jeden Tag der Woche oder des Monats ein bisschen Platz schaffst. Hier hältst du deine positiven Gedanken und Erfahrungen fest. Das hilft dir, dich auf das Gute und Wichtige zu fokussieren. Möchtest du keine eigene Seite dafür erstellen, kannst du dies auch in dein Weekly Log integrieren. In der Monatsübersicht wird dies schon schwieriger. Mit etwas Kreativität findet man aber auch hier sicherlich eine Lösung, z.B. mit einer Dutch Door.

WUNSCH- UND GESCHENKLISTE

Eine äußerst praktische Idee nicht nur für dich, sondern auch für deinen Partner, Freunde oder Familie. Hier ist Platz für Notizen, falls jemand dir gegenüber einen Wunsch äußert und du ihn gleich notieren möchtest, um beim nächsten Geburtstag, Weihnachten oder bei anderen Anlässen immer die richtige Geschenkidee parat zu haben. Außerdem kannst du deine eigenen Wünsche ebenso eintragen und weitergeben oder dir die Wünsche Stück für Stück selbst erfüllen. Die Gestaltung der Seite kann man ganz nach dem jeweiligen Anlass anpassen.

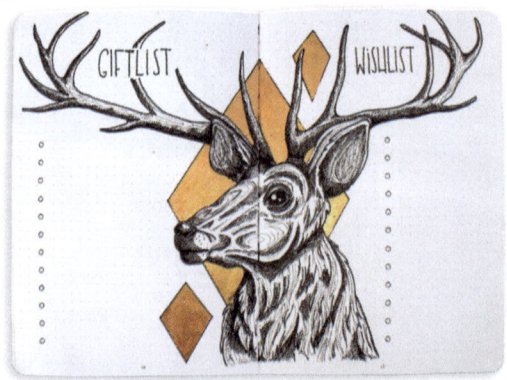

ZIELE

Meist zum Jahresende setzt sich jeder von uns Ziele für das nächste Jahr, manchmal steckt man sich jedoch schon zwischendrin sogenannte Goals, die man erreichen möchte. Lege dir eine Seite in deinem Journal dafür an! So hast du sie immer vor Augen und wirst motivierend immer wieder daran erinnert, an ihnen zu arbeiten. Bunte Farben und verschiedene Schriften sind wirkungsvoll und helfen dir, deine Ziele im Auge zu behalten.

BLUMENGIESSEN

Man kann für alles Mögliche Listen führen. Auch für Zimmer- oder Balkonpflanzen! Wenn du diese Liste pflegst, wirst du dich nicht mehr über vertrocknete oder überwässerte Pflanzen wundern müssen. Ich habe in dieser Liste festgehalten, wann ich meine Pflanzen gegossen habe, da ich es sonst wirklich immer vergesse. Der passende Spruch wurde gleich dazugeschrieben. Die Übersicht ist für ein ganzes Jahr und wird an Gieß-Tagen mit einem Blumen-Doodle markiert. Der ungenutzte Rest der Seite ist mit verschiedenen kleinen Blumen-Doodles gefüllt.

ZITATE

Und zu guter Letzt: Zitate sind motivierend, machen Spaß
und erinnern uns an die wichtigen Dinge im Leben. Auch sie
sollen Platz im Bullet Journal finden. So erhält das Journal
deinen persönlichen Touch. Ein paar Inspirationen für diverse
Sprüche findest du hier.

Lieber mit dem FAHRRAD zum Strand als mit dem Mercedes ZUR ARBEIT.

In acient times **cats** were worshipped as **GODS.**

- THEY HAVE NOT FORGOTTEN THIS!

good bye July.

INSPIRATIONEN

Weitere Inspirationen findest du auf YouTube und in den sozialen Medien. Als kleine Starthilfe, um weitere fantastische Accounts zu finden, möchte ich dir hier noch ein paar meiner Lieblings-Bullet-Journaling-Seiten auf Instagram vorstellen. @BujoBabes

Julia Pezowics, @julia.pezowicz

Elizabeth Kramer,
@elizabeth.kramer.art

Shanise Marshall,
@blackandwhitebullet

Eva-Simona Fischkina,
@happyfishbujo

Jessica Vranes,
@handmadebyjesslee

Hayley Remde, @hayleyremdeart

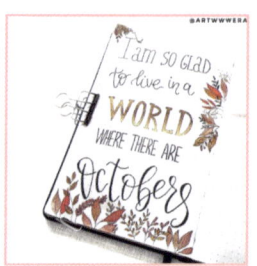

Vera, @art_verum

GLOSSAR

Bleeding   Die Tinte bzw. die Farbe „blutet" auf das Papier der nächsten Seite durch.

Bounce   Bounce Lettering bezeichnet eine Handlettering-Variante, die nicht akkurat auf der Grundlinie verläuft. Einzelne Buchstaben hüpfen über oder unter die Grundlinie.

BuJo   Kurzform von Bullet Journal

Bullets   Symbole und Kürzel für bestimmte Aufgaben, Notizen und Termine

Doodle   Doodles sind kleine, simple Zeichnungen oder Kritzeleien, die schnell gemalt werden, ohne viel Materialaufwand. Sie werden auch Scribbles genannt.

Dot Grid   Punkteraster

Dutch Door   Eine Seitenvariante in einem Bullet Journal, die von den niederländischen Türen inspiriert wurde – diese kann man zweiteilig öffnen. Die Seitenvariante entsteht durch das Zerschneiden oder Falten des Papiers. Dadurch hat man einen freien Blick auf die dahinterliegenden Seiten.

Ghosting   Die Tinte bzw. Farbe der vorherigen Seite scheint leicht durch das Papier durch.

Grammatur   Gewicht und somit Stärke des Papiers. Je höher die Grammatur, umso dicker ist das Papier.

Habit   So nennt man im Bullet-Journal-Jargon die Gewohnheiten bzw. Angewohnheiten, die man in bestimmte Tabellen einträgt, um diese zu überwachen.

Tracker   Das Wort kommt vom englischen to track – verfolgen. Eine Tabelle bzw. Methode, mit der du deine Gewohnheiten verfolgen und bei Bedarf abhaken kannst.

Spread   So wird im Bullet-Journal-Jargon ein Layout auf einer Seite bzw. Doppelseite genannt.

ÜBER DIE AUTORIN

Hinter **elas_bullet_journey** steckt Raphaela, die sich mit Herz und Händen ihrem Bullet Journal und dessen Gestaltung verschrieben hat.

Schon seit einigen Jahren beschäftigt sie sich mit dem sinnvollen Planen des Alltags und kam so über Umwege von Taschenkalender und Ringbuchsystemen schließlich zum Bullet Journaling. Besonders der gestalterische und kreative Part des Systems faszinierte sie, sodass sie sich schließlich viel mit Handlettering und den Gestaltungsmöglichkeiten, für die Layouts in ihrem Journal beschäftigte. Auf ihrer Instagram-Seite, der bereits über 17.000 Menschen folgen, zeigt sie viele Möglichkeiten die unterschiedlichen Letterings mit verschiedenen Layouts schön und praktisch zu kombinieren.

instagram: @elas_bullet_journey

YouTube: Ela Winter

Liebe Leserin, lieber Leser,

vielen Dank, dass du nun dieses Buch in Händen hältst. Ich hoffe wirklich, es hilft dir bei Fragen weiter, inspiriert und beflügelt dich, Neues zu versuchen. Natürlich interessiert es mich brennend, was du daraus machst! Teile deine Werke gerne mit mir auf Instagram unter den Hashtags:

#handletteryourjournal

#hyj

#mybulletjourney

Ich werde immer wieder einige Werke in meiner Story teilen. Vielleicht ist deines auch bald dabei?

Freue mich auf dich!

DANKSAGUNG

Als Erstes möchte ich mich beim EMF-Verlag und besonders bei meiner Lektorin Nora bedanken, die mir die Chance gegeben haben, dieses Buch zu veröffentlichen. Ein lang gehegter Traum geht so nun in Erfüllung. Das Interesse an meinem Zeichen- und Handlettering-Stil hat mir neuen Aufschwung gegeben und mir verdeutlicht, dass es die Kunst und die Kreativität wert sind, Zeit und Hingabe zu investieren.

Wo wir gerade bei Zeit und Hingabe sind: Auch meinem Mann Jakob möchte ich danken. Dafür, dass du immer für mich da bist, mich motiviert hast und mich kritisierst, wenn es notwendig ist. Danke, dass du mein Manuskript immer wieder gelesen hast, meine Illustrationen und Letterings mit deinen Ideen bereichert hast. Zusätzlich natürlich auch ein Danke an meine zwei Kids Elias und Casey, die mich die ganze Zeit über mit ihrer fröhlichen und lustigen Art bei Laune hielten und mich ab und an dann doch in Ruhe an diesem Buch schreiben ließen – ich hab' euch lieb!

Danke auch an meine Mama Ingrid und meinen Stiefpapa Manfred, die immer an mich glauben,

mich in allem unterstützen und viele meiner Werke in ihrem Haus beheimaten. Ihr bekommt auch mein erstes Exemplar, das ich von diesem Buch in den Händen halten darf – versprochen!

Ein weiterer Dank gilt meiner lieben Schwiegermama, die bei endlosen Kaffeepläuschchen immer wieder betont, wie sehr sie das schätzt, was ich mache.

Ein großes Danke geht auch an meine Freunde und die anderen aus der Familie, die an mich geglaubt und mir in den Hintern getreten haben, wann immer es notwendig war.

Zu guter Letzt ein kleiner internationaler Dank an meine „Bujobabes": Thank you for being such an enormous source of inspiration and for being my friends, no matter where we are in the world. You've always lent me your ears, even when I've faced my struggles. Thank you so much for your never-ending support and kindness.

IMPRESSUM

Bibliografische Information der Deutschen Bibliothek.

Die Deutsche Bibliothek verzeichnet diese Publikation in der Deutschen Nationalbibliografie. Detaillierte bibliografische Daten sind im Internet über http://www.dnb.de/abrufbar.

Bei der Verwendung im Unterricht ist auf dieses Buch hinzuweisen.

EIN BUCH DER EDITION MICHAEL FISCHER

1. Auflage 2020

© 2020 Edition Michael Fischer GmbH, Donnersbergstr. 7, 86859 Igling

Bildnachweis: ©Le Panda/Shutterstock (Aquarellhintergrund); S. 11, 17–21, 37, 83, 84, 88–91, 93, 96, 98, 104, 121, 125, 126: ©Alexander Laysenko/Shutterstock (Icon); S. 24, 86, 106, 114, 122, 128, 132, 136: ©april25pop/Shutterstock (Hintergrund)

Covergestaltung: Meritt Hettwer, Raphaela Winterhalter (Illustration und Lettering)
Redaktion und Lektorat: Nora Köpp
Layout und Satz: Julia Happacher, Anna Köperl

ISBN 978-3-7459-0071-2

Gedruckt bei Polygraf Print, Capajevova 44, 08001 Prešov, Slowakei

www.emf-verlag.de